新手父母

台北醫學大學附設醫院復健科臨床心理組臨床
台北醫學大學附設醫院復健科職能

U0032289

視聽覺 專注力遊戲

訓練孩子更專心

適玩年齡
5歲至8歲
親子同玩
效果加倍

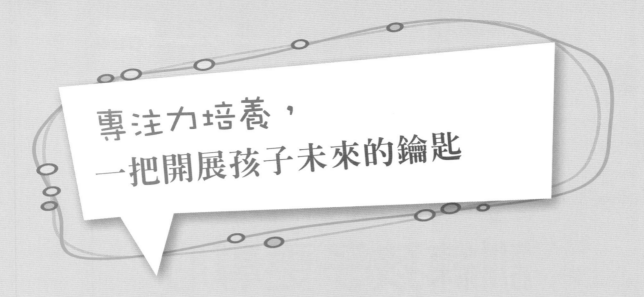

專注力培養，
一把開展孩子未來的鑰匙

文／台中澄清醫院病理科主任　柯端英

　　每一個孩子都是父母心中的至寶，也是我們社會的希望。在過去，社會資源取得的不平等是孩童主要的發展限制；但是現今教育資源普及與社會多元發展，資源的取得已非主要的問題所在，目前孩童發展的限制很大的一部分是來自於自身學習能力的優良與否。

專注有助提升學習效果

　　學習能力是一個複雜的身心協調與整合的過程，其中專注能力的好壞有舉足輕重的重要地位。專注力越深入，越能自主地專注於該專注的事物而不受周遭混亂的干擾，專注時身心越熟練自然，則越能深入學習，學習效果會越好，而這些正向的循環，會加速提升智力與理解力為主的各類正向學習品質與學習能力。因此，若能有效地在孩童的啓蒙時期，適時的誘導與訓練孩童的專注能力，對其一生的學習與生涯發展，有非常深遠的影響。

　　大腦的開發是越早期越好，這由許多教育專家與大腦神經理論的學者都認同早期教育的重要可知。然而，對為人父母而言，盡管了解專注的重要，也願意陪伴孩童訓練並提升專注力，卻苦於不知道該用什麼方法，也不知道該以什麼原則來做訓練活動的取捨。

在家也能輕鬆引導孩子專注

本書作者基於多年從事兒童治療的豐富經驗，避開高深的理論，而以簡要的文字深入淺出的說明理論的基礎與施行訓練的原則，便於非本科專業者能迅速掌握重點；並加註為人父母或孩童陪伴者須注意的誘導技巧；書中所提供的遊戲範本，其遊戲設計都盡量以孩童感興趣的生活經驗與生活主題作開展，以避免枯燥乏味導致孩童分心及過分專業嚴肅給孩童帶來的困難與畏懼；並以簡單的活動取材，捨棄專業度高的治療型玩具，以方便在家中或其他非專業的場所仍能進行訓練引導。

每一個遊戲均標註遊戲的目的，俾便為人父母者可以更加了解理論基礎與實際操作的配合方式，更可以提供訓練者於熟練掌握後，可視自身的環境與孩童情況加以調整；每一個遊戲末後還附有貼心的叮嚀，讓初次陪伴者可以迅速掌握遊戲的重點，避免因非專業造成的錯誤。篇幅雖然不是很多，卻能讓孩童教育者與為人父母者能夠很快的上手，實在是一本非常實用的操作指導手冊。

由父母陪伴孩子開展他們的能力

良好的教育對每一個人的未來發展非常重要。我想，許多兒童陪伴者、教育者，以及對兒童寄予深厚期望的父母都同意——每一個個體都有極為珍貴的潛能，若能藉由適當的誘導與訓練，使個體具有適才適性的發展，這不但是每位孩童未來幸福的關鍵，更是社會穩定與發展的基石，而這其中的關鍵在於是否有適當的方法與有心的誘導人。

本書傳承了一位兒童職能治療師及臨床心理師的多年寶貴的方法與理論，相信所有珍愛兒童的陪伴者與父母都能夠以本書為開端，讓所有孩子都能藉由適當的誘導，開展他們的能力，為自己也為社會建立更美好的未來。

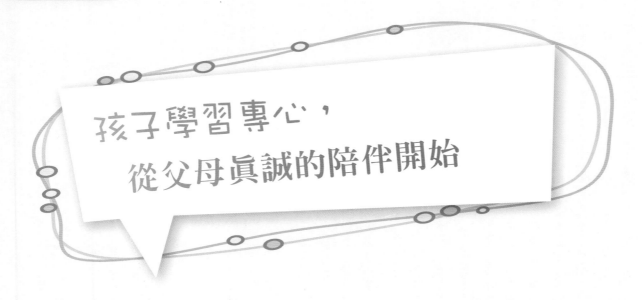

孩子學習專心，
從父母真誠的陪伴開始

文／台北醫學大學醫學系教授&北醫副院長暨復健部主任　陳適卿

近年來，學前或學齡的孩子，父母親最關注的，莫過於自己孩子的注意力問題，在學校或生活當中所產生的問題，不論原因為何，時常都被歸咎於孩子的注意力不足。

雖然門診會談所獲得的資訊當中，常常可以發現注意力不足的原因不同，可能是肌肉力氣不足、小肌肉力氣發展不佳、感覺統合、視知覺、學習障礙等相關問題、有些則是過動或者單純注意力不足的問題所引起的，然而，上述種種的狀況，都可能以注意力不足的理由而帶往醫院求診。

為孩子營造正向、快樂的學習經驗

對孩子來說任何一種正向、快樂的學習經驗是很重要的，有些孩子因為怕挫折或是長期習得到的無助感，影響了他們在新事物學習上的表現，還將過去學習的不好經驗轉移在新事物的學習上，令大人又心疼又懊惱。

本書從環境設定、調整親子溝通方式與注意力活動遊戲實作的三部分，來加強孩子在學習自我控制及注意力表現穩定度上的提升；藉由調整外在環境，塑造一個正向經驗的學習環境。將期待孩子表現結果，轉化為關注與陪伴孩子於學習的歷程中。強調不著重結果而著重學習經驗與學習歷程，是我對本書印象最深刻的地方。

玩遊戲，逐步改善專注力

　　范范老師和小柯老師從事兒童治療有多年的經驗，持續不斷地在臨床第一線上解決孩子與家長所遇到的問題，並且在兒童治療團體中，整合臨床心理治療與兒童職能治療專業，因此，這本書不但是多年豐富經驗點滴累積而成，更是許許多多專業經驗的統合與分享。相信父母親或者兒童治療相關專業人員在陪伴孩子完成一個一個遊戲的過程當中，針對提升注意力的方法，除了能夠深刻體會，也必定能夠感受到孩子注意力的改善。

　　書中豐富且多樣的遊戲內容，對於陪伴孩子的父母以及各種專業兒童治療人員，可提升治療成效、豐富性及創意，並且提高孩子的遊戲動機、進而改善注意力，能夠令人產生耳目一新的影響力。

　　兩位作者能在專學領域上用心耕耘，撰輯此書，對有困擾的父母和注意力不足的孩童而言，不啻為一大福音。

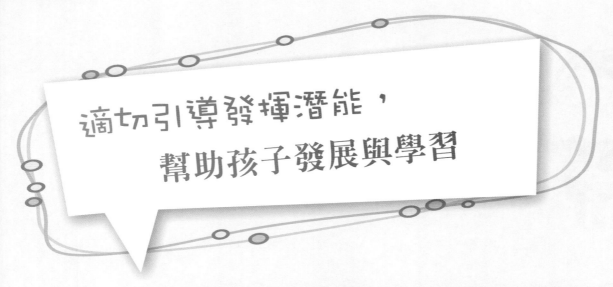

適切引導發揮潛能，
幫助孩子發展與學習

文／台北醫學大學附設醫院兒童發展聯合評估中心復健科醫師　曾頌惠

　　注意力欠缺過動症（Attention Deficit ／ Hyperactivity Disorder，ADHD），即所謂的「過動症」，或「過動兒」是兒童最常見的疾患之一。不論是在西方或東方國家，許多家長最常擔憂的發展問題之一就是自己的孩子是否注意力不足或過動。

　　美國 2003 年 2007 年及 2011 年 （sponsored by the Maternal and Child Health Bureau of the Health Resources and Services Administration）舉行全國性兒童和青少年健康狀況訪談。2003 年的調查結果顯示，有 9.2% 的 3 ～ 17 歲孩子家長認為他們的孩子在情緒、專注力、行為或同儕互動有中等程度到嚴重程度的問題。

　　2007 年的調查訪問內容題目包括，「是否曾經有醫生或其他健康保健人員告訴您，您的孩子有注意缺陷障礙或注意缺陷多動障礙？」。因此，當年的報告能更精確的指出，美國有 6.4 % 的家長認為，他們的孩子有注意力缺失／過動症。我們先前也曾以發展問題表，請國內一群 2 ～ 7 歲孩子的家長填寫，結果將近 30% 的家長填寫會擔心自己的孩子活動量高，20% 的家長則勾選了會擔心孩子注意力不集中。

家長必知的九項注意力不足症狀

　　根據美國精神疾患診斷標準（DSM-IV）注意力欠缺過動症的診斷必須是七歲前發病、在兩個或兩個以上的不同場所（如：學校、家裡、工作場所），並造成社會、學業、職業功能上的損害，而且又非因其他發展疾患、精神疾病所引起。其中要符合注意力缺失這部分的診斷標準必須在九項注意力不足症狀，出現大於或等於六項，且症狀持續出現至少 6 個月，致足以達到適應不良且造成與其應有的發展程度不相符合。

❶ 無法注意到小細節或因粗心大意使學校功課、工作或其他活動發生錯誤；

❷ 在工作或遊戲活動中無法持續維持注意力；

❸ 別人說話時似乎沒在聽；

❹ 無法完成老師、家長或他人交辦的事務，包括學校課業、家事零工、或工作場所的職責（並非由於對抗行為或不了解指示）；

❺ 缺乏組織能力；

❻ 常逃避、不喜歡或拒絕參與需持續使用腦力的工作；如：學校工作或家庭作業；

❼ 容易遺失或忘了工作或遊戲所須的東西；如：玩具、鉛筆、書等；

❽ 容易被外界刺激所吸引；

❾ 容易忘記每日常規活動，需大人時常提醒。

上述這些症狀在一些具創造力、特立獨行、個性好幫助他人的孩子，或是剛入學、缺乏規矩的孩子也可能會出現。

從遊戲出發，給予孩子協助

我們以 1997 年至 2007 年出生兒童之 2002 年到 2008 年之健保資料庫，分析注意力缺陷過動症候群之就醫人數，結果顯示在 2008 年，注意力缺陷過動症候群之就醫盛行率僅有 0.8033%。此外，嚴重注意力缺陷過動症雖符合我國特殊教育法第三條第二項第七款所稱嚴重情緒障礙之症狀，但是在 98 學年度，嚴重情緒障礙生占學前、國小、國中特教生之比例分別只有 0.05%、0.15% 與 0.11%。綜合這些本土數據推測，在台灣雖有許多家長然擔心自己的孩子不夠專心、太好動，但是這些孩子與家長並沒有接受到專業的幫忙。

范盛棻臨床心理師與柯嘉姿職能治療師都是經驗豐富的兒童治療專業人員。兩位兒童發展專家將其多年來於臨床上用來促進兒童注意力發展的遊戲集結成書，期望藉此機會讓家長能更了解孩子的注意力發展與提升注意力的重要條件與方法，因而更能適切引導孩子發揮潛能，幫助孩子的發展與學習。

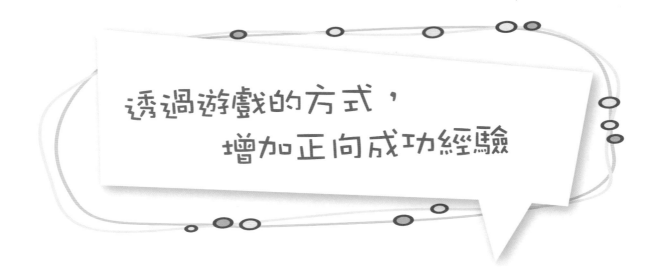

透過遊戲的方式，
增加正向成功經驗

文／范盛棻

　　在臨床上服務，看到一些很努力尋求各式各樣訓練方式的家長，常常為了自己孩子的注意力表現而擔心，感到困擾；注意力影響學習，學習影響表現，表現影響成就，無怪家長們都視注意力為最在意與擔心的能力表現。

　　本書的完成是期待家長能陪同孩子一起進行，同時做孩子注意力的教練。遊戲是小孩的語言，透過遊戲的部分，大人們可以在遊戲中示範或讓孩子在遊戲中學會一些事情或經驗：透過這類型的遊戲，我們在玩中學習，配合一些細微的觀察與正向的具體稱讚，皆能增加孩子學習的動機；或是降低孩子過去學習上的情緒不適經驗。因而在增加親子互動的同時，又能夠達成學習的目的，我常和家長提到「玩中學」便是這個意思。

　　在遊戲中，孩子也學會讓自己的注意力持續時間愈來愈長、抵抗分心的事物，同時家長與孩子也能夠一同學習到組織規劃這項能力，進而應用到日常生活上的事物或是學校的學習。期待本書籍能夠提供孩子實質具體的協助。

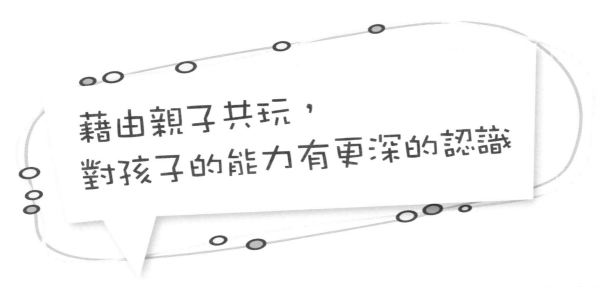

藉由親子共玩，對孩子的能力有更深的認識

文／柯嘉姿

臨床的工作中，發現孩子的父母最在意的莫過於孩子的學習、學業表現等等，似乎這些所代表的也是孩子整體未來人生的縮影，雖然不一定是如此，但是，父母們很難將這些想法排除腦後。

影響學習或學業表現的層面有許多，「注意力」在這當中，的確占了相當大的地位，另外，很多其他的因素，也都有可能會影響學習或學業的表現，或者被認為是注意力的缺失，然而，盡可能的，書中的遊戲純粹是提升注意力的部分，讓大腦能夠持續處理訊息、做出判斷，並且多方面處理外在的許多刺激並思考該如何去執行任務。

藉著書中親子共同完成的遊戲，使影響學習甚深的注意力，可以充分的得到訓練，父母也可以在這些遊戲當中，對於孩子的能力有更深一層的認識，是我們希望見到的！

完成書本中這些遊戲的過程中，最初感覺像是塵封許久的東西，一一傾囊而出，不禁回憶起當初坐在辦公室電腦前，絞盡腦汁將遊戲擠出來的過程，還有很多做過這些遊戲的孩子，一個個都長大不少，在學習上也都大有進步呢！

然而，在逐步完稿的過程當中，這些遊戲又慢慢有了轉變，被賦予及添加了許多新的意義。在未來，也希望這些遊戲在許多的回饋之中，能夠像河水不斷向前流動，並且於過程當中加入許多新的成分，讓遊戲的內容更豐富、更完整。

視聽覺專注力遊戲，訓練孩子更專心

遊戲單元 **1** ▶ P.33～58

遊戲的目的

練習孩子的持續性注意力，同時配合嘴到手到。幫助未來在閱讀理解及課業學習，奠定良好的基礎。

對孩子的助益

☑ 提升有效的持續性注意力
☑ 幫助大腦做出判斷和反應
☑ 培養眼球動作及閱讀技巧
☑ 幫助閱讀理解及課業學習

運用到的專注技巧

☑ 持續性注意力

遊戲單元  P.59 ~ 84

遊戲的目的

提升孩子的持續性注意力。延長孩子在學習當中專注的時間，大腦可以持續專注於應該要做的功課。

對孩子的助益

☑ 提升有效的持續性注意力
☑ 幫助大腦做出判斷和反應
☑ 加強視知覺技巧、認知彈性

運用到的專注技巧

☑ 持續性注意力

遊戲單元  P.85 ~ 110

遊戲的目的

提升孩子的持續性注意力。延長孩子在學習當中專注的時間，大腦可以持續專注於應該要做的功課。

對孩子的助益

☑ 提升有效的持續性注意力
☑ 幫助大腦做出判斷和反應
☑ 加強視知覺技巧、認知彈性

運用到的專注技巧

☑ 持續性注意力

遊戲單元  P.111 ~ 136

遊戲的目的

提升分配性注意力，並且幫助大腦可以同時有效處理多種訊息，讓大腦的運作更具有效率，幫助孩子提升處理複雜作業的能力。

對孩子的助益

☑ 提升有效的持續性注意力
☑ 幫助大腦做出判斷和反應
☑ 加強計畫及組織能力發展

運用到的專注技巧

☑ 分配性注意力
☑ 選擇性注意力
☑ 持續性注意力

影響孩童注意力的重要因素

我們常談到的「**不注意**」或是「**注意力無法集中**」，是指對特定作業或是環境改變，缺少應有的反應。就像東西掉了一樣，卻不知道自己掉了那種感覺；或是對環境中的變化沒有發現。

 ## 孩子與外界要求沒有產生適應的行為

美國普度大學的 Zentall（2005）教授指出這種差異，是一種孩子本身的能力或學習技巧能力（輸入、處理、反應）與外界要求孩子的任務，產生了不協調與沒有配對成功的原因。比方說，請孩子在約定的時間內把功課寫完，孩子卻並沒有完成；或是請他們從第一頁第一行開始讀字但他們卻跳行跳字閱讀，這都算是孩子本身與外界要求沒有產生適應的行為。

所以，我們希望孩子能夠在學校或考試時，讓他們的注意力集中在該項作業上。這時我們會透過調整環境（改變環境品質）與修正或增加孩子的學習技巧來達到自我控制注意力穩定性的目的。（詳細做法請參見 P16）

有關注意力在臨床的研究與訓練上，我們以 Misky 學者在 1991 年所做的分類為例，可將注意力分成五類，有些書提到四類（聚焦型注意力或選擇性注意力、分配性注意力、持續性注意力、轉換注意力），但這些分類只是為了讓專業人員在研究或訓練時方便做區分，實際運用於日常生活中的注意力使用，大部分都是互相配合運用，諸如哪一類型的注意力不穩定，就會影響到其他注意力或其他認知功能（例如，記憶力、組織規劃等）的運用品質等。

比方說，持續性注意力不夠的小朋友，往往持續力不足無法將所有的資訊全部學習，只學習到片段的部分，看起來好像沒記住，是「記憶」的問題，其實是整體注意力的持續時間太短，（以致沒有注意到應該注意的事，而造成無法忘記的說法）。

再舉一個例子，容易被外在分心物干擾的孩子，也就是容易分心的孩子，一看到有新奇的東西就忘了要持續把當下的作業完成，這樣的表現也就影響了時間管理及規劃完成的能力！

影響注意力的兩大因素：內、外在刺激

一般影響孩子注意力的因素，可分為「內在刺激」及「外來刺激」兩種。不論是外來的刺激或是內在產生的刺激，都會影響孩子們的注意力品質，所以在每日進行注意力遊戲訓練前，也許家長可以觀察看看孩子們今天的內在與外在狀況，是否合適進行今日的遊戲訓練，也提供家長一個與孩子互動或關心的窗口。

這部分與孩子的年紀會有稍稍的關聯喔！好比說，語言表達能力就會影響孩子在年紀上的發展：

◎學齡前的孩子：

比較不常用語言來表現自己內在的狀態，因此，想要了解他們，就可以透過他們的表現、動作及聲音來推測，並且使用一些畫畫、玩偶、說故事等方式來做為了解及關心孩子的媒介。

小熊肚子餓了，但是他的媽媽……

◎**學齡的孩子：**

語言認知能力表現稍好，可以透過敘述表達的方式，將自己內在的狀態語言化做為分享及討論的部分。

內在刺激	影響孩子注意力	外來刺激
● 想法		● 五官的刺激接收
● 情緒		● 環境的吵雜
● 白日夢		● 分心物太有趣
● 動機		● 太多誘惑物
● 生理狀態 (累 / 餓 / 病)		● 其他
● 其他		

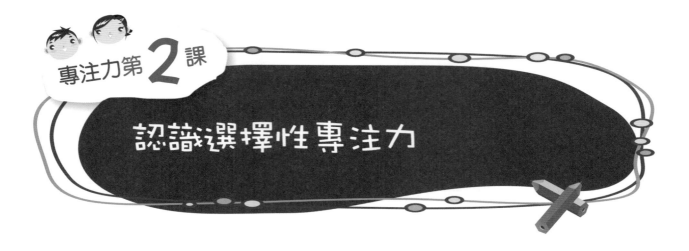

專注力第**2**課

認識選擇性專注力

與專注力相關的議題中,還有一項很重要的部分即「**選擇性專注力**」。在實驗室研究選擇性注意力,大部分都把研究放在:**用視覺找尋相關的或是指定的目標**,即在一個充滿複雜的背景音樂或是圖形裡找到一個目標物。

 選擇性專注力,只須注意需要注意的目標

這樣的練習能力,其中一個即為很重要的神經認知功能(neurocognitive function),叫做「**抑制能力**」。因為孩子必須提醒自己將不需要注意到的刺激抑制,只要注意到需要注意的目標即可,也就是,孩子的抑制能力與其在特定作業上的表現有關聯。

舉個例子來說,作業中要求小朋友要找「O」,看到 O 要打勾,看到「X」就不要打勾,這時小朋友必須只對 O 做反應,看到 X 時,則必須要做抑制與提醒自己的反應,這就是「抑制分心物」(X 不打勾),「注意目標物」(O 打勾)。

目標物→O 綠色精裝書
分心物→X 黃色平裝書

綠色精裝書在哪呢?

又例如,當在圖書館裡,孩子要找一本綠色的精裝書,這時「綠色」的與「精裝書」這二種條件,會變成找尋時的一個目標,同一時間孩子必須在圖書館裡只找符合這兩類條件的書,不符合的都可以忽略,而這即為一種「選擇性注意力」的應用。

這好比在學校中,如果當下要求孩子做的作業是比較簡單的,那麼大部分的孩子都可以在作業中,區辨什麼是重要的或相關的訊息;但如果作業要求的難度增加,注意力控制能力不穩定的孩子,就易表現出——該注意的沒注意到,卻注意到一些和作業無關的一些雜事訊息。

那麼會影響選擇性注意力的個人部分有哪些？❶年齡❷經驗❸作業的複雜度等，有著密不可分的關係，當一個孩子練習過不同作業與作業操作時，這些作業就會讓孩子感到不再陌生，因為經過了練習，孩子會有練習的經驗。

因此，年紀較大且熟悉作業學習的技巧與練習的孩子，在選擇性注意力上，較少產生問題；因為他們的經驗較多，了解現在應該要怎麼樣處理，或是需要使用哪種方式來幫助自己。以下為如何協助孩子增進選擇性注意力穩定的方式：

好難喔！我不會！

這個我練習過！我會！

方式 **1**：減少無關的事

「分心物」在這裡指的可以是環境、人、事情，任何與現在要做的事情不相關的都叫分心物。分心物可能來自於視覺、聽覺或是其他感官刺激，會影響或干擾孩子處理目標訊息進入時的穩定性。

- ☺ **電視卡通、音樂或玩具。**會與孩子在練習時的視覺注意或聽覺注意力競爭，讓孩子造成注意力的轉移。
- ☺ **聽覺訊息的內容太瑣碎或是太冗長。**（例如：「我和你說啦，你就是要趕快寫啦，時間才不會浪費啦，這樣子花太多時間，等會要去哪又不能去了！」如果你要提醒孩子寫作業，請直接和孩子說：「請你寫第 1-3 頁，在 20 分鐘內寫完。」）
- ☺ **在做需要運用大腦大量思考的作業時，卻有人在旁哈啦、聊天。**都會產生較多的干擾進而需要更大量的注意力控制，維持注意力的穩定。

方式 **2**：強調相關的事

降低視覺的複雜性，如使用黑／白元素的字色、單色的作業，進而練習複雜色彩的部分。

相關的輔助用具的使用，如用色筆、粗體字強調該注意的事或是使用透明尺（上面沒有花紋圖案的如下圖所示），在尺刻畫上黑底字，要求孩子在閱讀中使用此物件來達到注意黑底字上的目標物的目的。

專注力第 **3** 課

提升第一步：營造正向的環境

影響專注力的因素

要提升孩子在家或在校的專注力，首先，要掌控好環境。環境的調整和支持是很重要的，而且調整環境至正向的環境後，也有助於孩子運用學習技巧。改變環境的方式包括：

1 **改變具體物質或社交的環境**。例如，離開有電視機的地方；將書桌上的玩具收起來；孩子寫作業時，家庭成員降低說話音量等，以減少問題的產生。

2 **改變作業的性質**（改變作業的方式與調整我們的期待）。例如，可將作業分段練習，先寫 1-2 頁，休息 5 分鐘後再寫 3-4 頁。調整父母親一下就要孩子全部把作業寫完的期待。

3 **改變提醒的方式**。例如，透過視覺（檢查表：完成的打勾）或聽覺的方式（計時器：時間到了會響）也可透過觸覺（輕拍或輕指）。

4 **改變家長和孩子的互動方式**。例如，稱讚孩子已完成的部分；透過鼓勵，讓孩子看到自己完成的努力；例如，在十分鐘還沒到的時候提醒孩子，「你已經把第 1 頁都寫完了，真的很專心哦！」

TIPS *1*：改變具體物質或是社交環境

當我們陪伴容易分心的孩子一同作功課時，第一步要做的就是觀察現有的環境，是不是適合這類型的孩子作功課，如環境中是否存在一些會造成孩子分心的物品（像玩具、食物、額外多餘的文具、電視），這時應盡量將物品移除；相反地，有些物品加入至環境後，反而會提升孩子的專注力時，則建議將物品放入（如不干擾孩子的計時器）。

[專注力小提醒] 專注力持續度較短的孩子

　　舉個例子來說，當一個孩子的專注力的持續度較短時可能會發生以下的情況：

　　在學校上課時，如果這個孩子座位的旁邊剛好就是走廊的窗戶或坐在教室的門邊或者是坐在其好朋友的附近或是愛講話的同學隔壁時，這時他們就必須花上更多倍的努力，才能讓專注力維持。比較起來，也許坐在老師附近，或遠離那些會影響造成孩子分心的現有物（如上述環境）時，孩子就可以維持較好的專注力品質。

TIPS 2：改變作業的性質

　　首先我們要了解什麼叫做「作業的性質」？舉例來說，作業的長度如果太長，只要請孩子分段完成，就是一種類型的調整。作業的形式也可以做許多種不同類型的調整，以提供修正作業性質。例如：

◎作業適時分段

　　適時的分段與休息，對注意力的訓練是有幫助的，同時也可以在小階段中鼓勵孩子練習，以幫助其獲得成功經驗；等到孩子分段的部分漸漸穩定後，即可以調整孩子分段時間的長度。那麼分段的時間由誰來決定？當然是由孩子原來的能力表現來制定，好比說：孩子只能做 5 分鐘的練習，那麼一開始的分段就應該先制定在孩子可以達成的 4 至 5 分鐘左右，以提升孩子的學習成就經驗，並增加孩子覺得自己可以達成的良好感覺。

◎安排時間表格

　　時間表格可以客製化，量身訂作成孩子可以使用的時間表格。有的孩子需要大量的視覺化提醒，所以可以像下列表格一樣列出時間：

時間表格範例			
時間	活動	頁數／行數	表現完成
PM 7：00 至 7：15	寫國習	30 至 31	☺　☹
PM 7：15 至 7：20	休息時間		☺　☹
PM 7：20 至 7：25	寫國習	31 至 32	☺　☹

　　對於年幼的孩子，可以將該文字訊息，轉換成圖示法，如配合時鐘圖示與活動圖示，以讓孩子更能知道什麼時間該做什麼事。

◎簡單的先做

很重要的事項是，作業內容應該從孩子較熟悉的或有把握的先完成，若一開始就要求孩子進行自己不會的東西，我想這是連大人都很難克服的，何況是孩子呢？

◎單一具體指令

出現太多的選擇，對一個注意力正在發展的孩子來說，通常會讓孩子將事情複雜化，且沒有組織化。所以，一次一個指令，而且清楚具體的指令，可以協助孩子組織他們自己的行動。（例如：先寫國語作業後再休息）。

TIPS3 改變提醒的方式

另一種改變環境幫助孩子的方式，就是使用「提示」（cues）。使用提示的部分，可分為兩種──一種**對作業內容的執行**（例如：要從第一行寫到第三行，或是用標籤貼紙標註你要孩子完成作業的開始與結束位置），一種**對行為配合的提示**（例如：做這個作業時，要用到什麼方法呢？要嘴巴念、手要寫、屁股要黏在椅子上）。也可以透過圖表與粗體字或是計時器來提醒孩子。家長可以給孩子一個回饋表現（如右頁的範例），也可以請孩子自己做回饋表現（例如：學齡前的孩子可以使用開心及不開心的連續臉譜，以具體化自己的感受；學齡孩子則可以和他們討論使用1-5分的評分方式，1分：感覺自己表現很不好；5分：是感覺自己表現的很好）。

重要的是要邀請孩子將自己剛才表現很棒的地方，具體的說出來。例如：「我剛才很棒，因為我在規定的時間內寫完功課」、「我很厲害，在媽媽規定的時間內，屁股都有坐在椅子上，沒有動來動去。」

TIPS4 改變家長與孩子的互動方式

當孩子在注意力控制能力不穩定時，家長應該調整一下協助他們的方式，並且要減少給予孩子負向的衝擊（例如責備），特別是這些孩子的控制能力本來就不太穩定，如果又聽到一些負向的訊息，多少會產生情緒上的不適。情緒不好時，注意力的控制穩定性，又會受到影響，如此的惡性循環，就沒辦法達到協助孩子的目的了！所以不妨參照下方的一些小祕訣，來協助孩子完成作業：

- ☺ 將擔心的問題，事先做準備或改變環境。
- ☺ 將問題變成小步驟，先處理每一個小步驟。
- ☺ 運用海報、標誌提醒孩子減少忘記以及增加執行作業的可能性與成功性。

專注力檢查表		
目 標	寫下現在要做什麼事	要寫生字簿 1-3 行（愈具體愈好）
技 巧	需要用到什麼技巧	要嘴巴念、手要寫（重覆詢問及提醒孩子要用什麼方法完成）
調 整 環 境	是否要調整環境？	環境（書桌）是否清理完成呢？　□是　□否
時 間 設 定	開始時間	20:08
	預計完成時間	20:20
	真正完成時間	20:19
自 我 監 控	我給自己的分數	□1分😣 □2分😐 □3分🙂 □4分😊 □5分😄 理由：比自己訂的時間還快耶！
我 的 表 現	爸媽給我的分數	□1分😣 □2分😐 □3分🙂 □4分😊 □5分😄 理由：有邊念邊寫，而且有在自己預計的時間完成，很棒哦！（父母親負責要給予孩子回饋，他用什麼方式完成的！例：邊念邊寫就是孩子使用的方式）
調 整	我需要調整嗎？	萬一，孩子表現沒有很好，或超出自己預期時，請鼓勵孩子，再做一次調整！不論調整目標也好，調整自己的時間也好，都是讓孩子對自己能夠監測與控制的能力做個了解。 □是　　□否

[專注力小提醒] 作功課的準備

❶ 要作功課了，可以先詢問孩子，環境中要準備什麼，可以先提示孩子。

❷ 之後孩子可以在練習後回答只有該作業與文具放在桌上，以及檢查表，例如，「寫功課的地方準備乾淨了嗎？」

❸ 接下來要做什麼呢？把今天的功課講出來，例如，「今天要寫 1 至 3 頁的習作。」

❹ 視覺或語音的提醒，例如，「要在 10 分鐘內寫完，嘴巴要念、眼睛要看！」完成後利用我的任務檢查表來檢視自己的分數與討論修正。

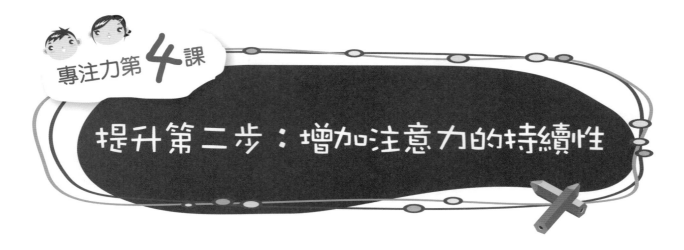

專注力第 **4** 課

提升第二步：增加注意力的持續性

在注意力控制不穩定的孩子們身上，最容易發現的一項外在行為特徵，就是他們維持注意力專注的時間過短。與同齡孩子相較，他們往往容易在團體活動中，很快就出現無法與同齡孩子呈現相同的專注時間（若您發現孩子注意力持續時間不長，第一要先記錄大約時間為多長，然後諮詢醫療人員，確認這樣的部分是不是過短。國外的資料，推估在學齡前到小二生，大約可以持續 20 分鐘的時間完成作業；小三以上的小孩可以持續接近 45-60 分鐘完成作業，國外研究僅供參考，還是要回歸到小孩與環境互動的持續及控制程度上探討）。

「孩子的專注時間很短怎麼辦？」特別是在一些學習學業的情況時，這類型的狀況特別明顯，讓家長很擔心會影響孩子學習的能力表現。一般來說，持續性注意力，會與❶時間、❷作業的熟悉度、❸重覆性有關係。所以，當遇到學業功課的部分，孩子感到無聊沒興趣，更容易觀望四周或是把他們的注意力聚焦在比作業更有趣的同學們身上。接著我們來看看國內外的研究是用什麼方法來幫助孩子增加注意力的持續性。

方法 **1**：藥物治療

多數研究指出，藥物治療可以協助處理持續性注意力的穩定度（Hoagwood, Kelleher, Feil, & Comer, 2000），藥物部分可以有效的協助提升孩子配合寫作業的速度，以及增加記事情的正確性。

方法 *2*：行為管理策略、行為改變技術、認知行為治療

在國內外經常使用來增加孩子的持續性注意力的方法還有「行為管理策略」或是「行為改變技術」與「認知行為治療」。

在進行「行為改變」或「認知行為」這兩種治療策略時，家長可能要先了解，每個孩子接收到訊息或資訊時，對事情結果解讀的風格或許是不同於其他孩子的（例如：一個與小朋友擦身而過的人，有些小朋友會表示有人故意撞到我，有些會表示路太窄了，所以他碰到我）。以下提到的三類型方式，是用來協助孩子將環境中的資訊，更客觀的提供給孩子，讓孩子去理解，進而去分析結果的部分：

◎**將結果的正確／與不正確回饋給孩子。**

（例如：寫作業時，媽媽看到你有念出來而且用尺幫助自己注意，所以寫很快哦；寫作業時，媽媽看到桌上有其他的玩具，這樣會容易分心喔！）

◎**如果是在一些社交情境中，正向的或負向的社交性的效果提醒是很重要的。**

（例如：他的臉看起來好像很緊張的樣子，所以他走路走得好急好急，好像不是故意撞到的樣子。）

◎**行為結果的效益。**

（例如：制定適當行為結果的賞罰標準。學齡前的孩子，大部分都用親身經驗學習環境事物的因果關係，如果我們要求孩子要專注於某項事情上，那麼當他達成後可以得到的獎勵，以及沒有達成後會得到的反應代價，都是孩子做出某項行為後學習到該行為的效益結果。）

對大多數的孩子而言，認知行為治療是很有用的一項策略，它的內容包含：「自我監控」、「自我激勵」以及「自我評估」等三部分。（例如：自己對自己行為及想法的追蹤及檢查；自己鼓勵自己達成目標，以及為了達成目標，自己評估自己的狀態有了什麼或是缺了什麼可以達成目標。）目前認知行為部分，多半在醫療院所及治療機構執行，因為涉及到治療概念，所以有興趣進一步了解的家長，可詢問相關課程的醫療院所（例如：兒童心智科／兒童發展復健中心／心理自費門診）。

方法 3：改變環境與作業性質

另外，還可從「**改變環境品質**」以及「**增加孩子的學習技巧**」兩方面來改善孩子的專注力。而其中很重要的一個概念是：家長、老師或是治療師也是環境中的一環。

現在想像你在看電視，手上拿著遙控器，你想看哪台就可以轉到哪台。我們對孩子的期待有時也像是遙控器一樣，我希望看到孩子這樣的表現，就像想轉台看某時段的節目一樣。我們對孩子的態度行為或期待想法都像台遙控器一樣，我們的想法一轉換，欣賞到或注意到的孩子的表現就會不一樣。

孩子要學習的東西很多，特別是他們會學習環境中的大人作為模仿認同的對象，所以家長不妨先將自己想成是一台遙控器，透過我們觀察以及觀看孩子的優點，加以回饋讓孩子知道，如此將有利於孩子學習自己優勢（好的）的行為。

例如：跟孩子說：「我看到你屁股坐在椅子上很努力完成作業，真不容易。」用鼓勵取代：「這本來就是你的作業，做好是你的責任！」更能夠提升其表現出好行為的機會。

更重要的是，注意力不穩定的孩子，在還沒學會穩定自我控制之前，有一點很重要，即環境中需要一個類似像 iPhone 或是手機記錄行事曆去幫助孩子記錄自己的事情，也就是家長與孩子互動時可以扮演的角色，透過我們的「稱讚」來幫孩子紀錄，可以讓孩子知道他現在正在做什麼事，有的孩子需要這樣的提醒以協助他們更知道當下他們在做什麼，並提供孩子做自我監督及調整控制。

所以家長應儘量去稱讚及鼓勵孩子。稱讚的方式有很多種，但原則只有一個，將孩子表現好的行為，具體的描述出來讓孩子知道，透過你的稱讚，讓孩子開始學習欣賞自己，進而發展欣賞不同於自己的朋友、個體的優點，也表現較多的正向行為。

現在請家長就跟著我們的方法開始來學習如何改變環境品質，為孩子塑造一個正向的環境吧！例句：

☺ 好棒哦！我看到你很努力地在時間內完成今天的作業。

☺ 很細心哦！連這麼小的地方都可以注意得到。

☺ 能夠做到在時間內完成作業，真的是很不容易的事哦！

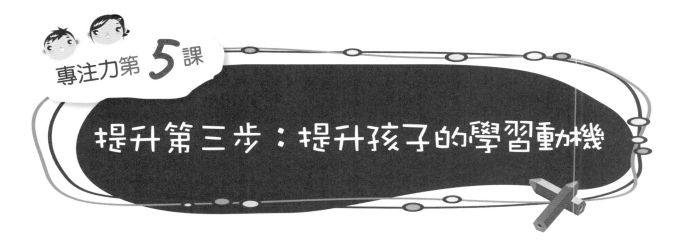

專注力第 **5** 課

提升第三步：提升孩子的學習動機

我們在這裡提供兩大類可以在家實作的概念：當孩子對於一件必須要做的事興趣缺缺時，激勵孩子使用技巧來幫助自己完成作業（知道技巧而不知道使用時機，舉例：父母們都求好心切，也很在意自己的孩子，所以激勵孩子用最原始的方式：「加油啊！再寫一題就好了！」忽略了孩子在做作業時的情緒），則變成是當父母的一門技術。同時，教導孩子使用方法來協助自己的作業（不知技巧自然不知如何使用，舉例：「你就趕快寫一寫啊！」！因為沒有適時有系統化的引導孩子，所以孩子可能也就趕快趕一趕完工交差了事），引發孩子較多的動機，這有點像公司老闆發現公司員工無心工作時，但又期待員工有好的表現，公司老闆就會與人資部門討論激勵方案。

在訓練孩子的專注力時，可以如何提升孩子的學習動機？建議家長依下列六個步驟，來讓孩子的表現水準可以達到具體的目標，也可確實掌握孩子的表現水平。

步驟 *1*：具體描述現在要做的行為

我們常用形容詞去表達與溝通，例如：「那個東西好美喔！那顆水果好好吃！」但每個人感受到的好美或好吃都不太一樣，孩子也是。

舉例來說，我們常告訴孩子「上課要乖乖坐著」，孩子認為自己已經乖乖坐著了，但未必達成大人所謂乖的標準；所以家長請孩子做作業時，也是要應用具體的行為描述，好比說：

☺ 時間已經到了，你卻沒有完成作業。
☺ 你忘了帶作業到學校去。
☺ 你遺失了重要的書本。

儘可能的把你希望孩子做到的行為表示出來，而非跟孩子說：「去作功課！」、「要認真點！」、「你這種態度好差」、「你太懶了！」。

步驟 2：設定目標

通常要設定一個目標，我們才會有所行動。所以家長在設定目標時，應與你擔心的問題行為要有關係，而且要把目標設定成正向陳述（例如：「要做什麼」來取代「不要做什麼」）。像是：

☺ **問題行為**：孩子經常沒有把作業從學校帶回來。

☺ **設定目標**：要把所有作業從學校帶回家！

步驟 3：建立到達目標的過程—— 一步一步拆解小部分至目標

通常我們會建議家長使用檢查清單（如下），透過檢查清單，孩子可以更清楚他要做些什麼。年紀小的孩子可以使用視覺化的圖表（如右下）來協助他們理解現在要做什麼事。

年紀大的孩子

我的任務／功課檢查表	是	否
所有作業已經寫在聯絡簿中		
所有的作業／書都已經在書包裡（確定有放在書包請打 ✓） _____英語　　　　　_____社會 _____數學　　　　　_____習作 _____自然　　　　　_____其他		
其他要帶回家的物品（確定有請打 ✓） _____家長同意信　　　_____衣服 _____聯絡簿　　　　　_____運動用品 _____老師發的信　　　_____其他		
功課完成了嗎？（完成了請打 ✓） _____英語　　　　　_____社會 _____數學　　　　　_____習作 _____自然　　　　　_____其他		

我的任務／功課檢查表	是	否
功課有沒有放在資料夾裡		
資料夾有沒有放到書包裡		

要帶到學校去的東西（檢查後請打 ∨）

_____午餐或餐費　　　　_____衣服

_____聯絡簿　　　　　　_____運動用品

_____給老師的信　　　　_____其他

要親手繳給老師的作業（檢查後請打 ∨）		
_____英語　　　　_____社會 _____數學　　　　_____習作 _____自然　　　　_____其他		

年紀小的孩子

☺ **圖表**：使用圖畫來標示孩子要做的行為 *123*。

3 嘴巴念、手要寫

2 坐在椅子上

1 準備作業

☺ **表格化**：將時間活動串連貼出來讓孩子知道。

❶	8:00-8:15	寫國語作業
❷	8:15-8:20	休息一下
❸	8:20-8:40	寫評量
❹	8:40	休息時間

☺ **次序的安排**：將活動內容製作成卡片，排成順序，讓孩子做完一個抽掉一張。比方說要請孩子做生字學習以及繳交畫畫作業，之後才可以看電視！

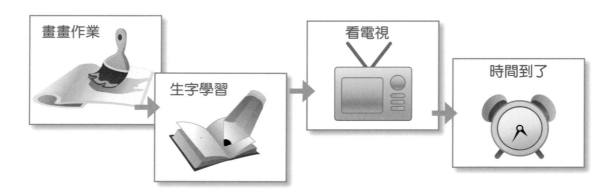

步驟 *4*：督導孩子是否配合過程一步一步的執行

在初期，孩子會需要慢慢了解執行的步驟為何，他才能夠從頭到尾的了解並且熟悉而熟練。執行步驟包括：

預告 預告孩子要開始了！ *1*

（例：還有 5 分鐘，就開始要坐在桌子前寫國語作業了哦！或長針指到 6，就要坐在桌子前面畫畫了哦！）

提醒 提示孩子要照每一個步驟進行！ *2*

（例：寫國語作業時，要先做什麼呢？清桌子，拿簿子，嘴巴念，手要動，提醒自己：「這一步驟要慢慢來，非一下子全和孩子說完哦」）

觀察 觀察孩子在每一個階段的情況！ *3*

（例：家長要觀察孩子的表現，同時搭配回饋給予立即回饋）

回饋 提供正向回饋去協助孩子改善！ *4*

（例：我看到你很努力的在寫作業哦！）

獎勵 孩子每個階段成功的完成，最後的完成也給予鼓勵。 *5*

（例：哇！你今天在我們討論的時間內完成作業，所以你可以得到你想要的東西）

步驟 5：找到孩子表現好的地方，調整弱勢的能力表現

在這個階段中，家長需要持續地協助監控孩子的表現是否有達到目標，如果沒有，就可能需要停下來或是在這個步驟可能需要做一些調整改變。

通常這個情況，在步驟中需要更多的提示。

例如：可能你需要一直和孩子說或提示，或你心裡或內心暗自著急「不對哦」，「你這樣不行」的時候，代表孩子的表現與我們期待目標是有落差的，例如：孩子寫作業三行，東跳西跳而且到處玩時，可能我們需要把三行作業分段，而且和孩子口頭確認他現在要做什麼，確定孩子知道目標後，要問他用什麼方式達到，再讓孩子執行。

或是把這階段的作業再分幾個小部分來完成。

例如：「你寫一行可以休息約 30 秒的時間」，家長可配合自行設計調整。

如果可以的話，讓孩子也來參與討論解決方案，也順便讓孩子練習他的問題解決能力技巧；並詢問孩子剛才怎麼辦到的，透過孩子回答的過程中，孩子會去回想自己剛才做了什麼，加深了自己運用什麼方式完成的。

例如：剛才這裡是你很專心完成的部分！那麼你是用了什麼方式讓自己完成的呢？

 步驟 6：減少您的提醒次數

開始減少提醒的次數，然後確實評估孩子可以照著每一個步驟獨立的完成。當然這個消弱督促是必須要漸進式調整，例如：

☺ 只在步驟間，提示孩子每一個步驟。

☺ 「開始」與「結束」時才提醒。

☺ 「開始」時提醒，並運用檢查表來評估是否完成，當完成時與孩子討論。

☺ 提醒孩子運用自我檢查表來評估是否完成（見 P.24），不再額外給予提醒或提示。

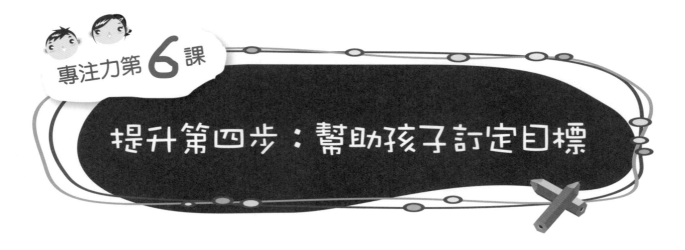

專注力第**6**課

提升第四步：幫助孩子訂定目標

要協助孩子達成訓練目標的第一步，就是陪孩子一起設定一個目標，當然這個目標必須符合孩子的年齡與發展成熟度，再配合孩子的興趣以及家長或學校老師比較希望改善之處，整個訓練的目標，才會有意義。

 ## 依孩子的特質訂定不同的目標

因為每個孩子的家庭背景不同、塑造出來的個性也不同，當然學習經驗及學習方式也不同，所以我們設定在孩子身上的目標，應該也要有所不同。

在孩子身上的目標設定如何因人而異呢？有些孩子可以設定自己上課時若想講話要先舉手；有些孩子則可設定在時間內準時照計畫表把功課寫完，這些都是可以自我設定的目標。

 ## 與孩子共同討論、共同制定

既然目標是為孩子設立的，希望孩子向上、向善、進步，並學會在大人身上如何規畫，所以與孩子共同討論就是一件很重要的事。如果沒有和孩子討論，那麼這個目標的主人，將很難轉換成孩子，因此大部分的孩子只會是這個目標的代工，就是做完即可，不會享受到對自己設定目標，又達成時的那種歡愉的成功經驗。

所以目標建立前，第一步要做的就是與孩子討論這個目標，雙方制定這個目標。例如：

☺ 媽媽：媽媽看到你每天寫功課都寫好久，真的很辛苦耶！

☺ 小孩：對啊，都沒辦法看卡通了！

☺ 媽媽：媽媽想和你討論有什麼方法可以讓你寫比較快，然後可以看到卡通。

☺ 小孩：好啊！

可以和孩子討論看看，練習過程中，可能會遇到的哪些困難？怎麼做才可以排除這個困難，達成目標。期間家長可以協助孩子發現困難點在哪裡？在家與在學校可能遇到的困難點為何？該怎麼克服才可以達成目標。比方說：如果功課很難寫完，就挑選在干擾與分心物較少的地方完成。中年級的孩子，也許可以在課後，設定在安親班時要完成作業。

簡化成步驟的方法

1 設定一個目標（可依據孩子的年齡與發展成熟度，設定時間為每日、每週或是一段時間）。

2 確定可以達到目標，與克服困難處。

3 為達成目標寫一個計畫。

4 給自己一個表現的回饋。

時間	檢查項目	目標設定	表現
8：00 ～ 8：15	有沒有分心物 需要什麼東西	寫五行生字	☺ ☹

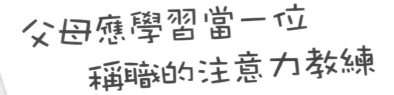

父母應學習當一位稱職的注意力教練

文／范盛棻

我們在生活中同時需要運用到多感官管道的學習，例如，過馬路時，我們必須看到紅綠燈號誌後，停下來，用看的、用聽的來察覺有沒有車輛來往，再判斷自己是否現在為安全的狀態而過馬路。

視覺與聽覺注意力的重要性

孩子的學習歷程上，也常常需要讀寫或抄寫，抄讀的歷程又建立在視覺的注意力表現上，即孩子必須注意到應該要注意的字後，再下筆轉化成動作寫出來。聽覺的注意力，也在學習上扮演著很重要的一部分，特別在學齡前的幼兒，因為其尚未能透過文字閱讀，所以聽覺就成為幼兒進入理解的管道。例如，透過聽到簡短的故事，孩子進而才能學習及理解故事內容。

注意力在演化、生活及學習上扮演一個重要的角色，特別是大人已習慣於將視覺與聽覺注意力做整合學習。孩子發展的歷程，也會漸漸整合其各感官刺激而作反應（特別在視覺及聽覺），若能增加穩定此二類型的注意力品質，對整合學習作業活動或是日常生活指令、規範，是一門很有幫助的學問。

這本遊戲書是藉由「視覺遊戲」與「聽覺遊戲」來達到各種注意力的練習，不論是否為臨床診斷上有需求的兒童，或是想透過不同親子專注力訓練的家庭，皆可以使用這本書來達成及滿足需求。本書分成三大概念，前後融入在本書的遊戲之中：

概念 *1* ：「知」─了解概念

認識注意力以及知道注意力的表現狀態，類似知己知彼進而調整表現，大部分家長都認為注意力不集中問題主要是出在孩子身上，忽略了環境及態度以及注意力的其他成分等關係。

因此，在概念單元「**家長教戰秘笈**」裡，我們試著帶著各位家長老師們來認識注意力，解剖注意力。

概念 2：「學」—做孩子的教練

知道注意力的成分之後，很重要的一點是，我們如何促使孩子的注意力能力向上發展，或是如何當一位稱職的注意力教練。

教練的態度很重要，如同老師是學生模仿的對象一般，教練必須在孩子學會時，適當的強化鼓勵孩子，同時與孩子分析是運用了哪些方法、步驟而成功的；或是在孩子遇到挫折時，看到孩子遭遇到的問題，與孩子討論做適時的調整長度或難度，讓孩子重拾信心向前跑！

沒有一位教練希望訓練出來的隊員是容易遭遇挫折的，所以調整我們看孩子的角度以及配合當教練的一些實作表格或方式，可以建立「教」（家長、老師）與「學」（孩子）之間正向的關係。

概念 3：「做」—實作練習

遊戲書中的訓練遊戲，皆配合不同的視覺及聽覺的難度，也提供不同挑戰類型層級的聽覺遊戲教材 CD，可供家長調整及鼓勵孩子練習，練習的時間長度要視每個孩子的能力而定，同時，我們也需要調整預先對孩子的期待表現，先當教練幫孩子測試一次，知道孩子的基礎表現後，我們才能漸進式的調整。

總而言之，從知道了解概念，學會注意調整環境以及準備好一些表單表格、調整好我們對孩子的期待與態度，專注力訓練就從遊戲的實作互動開始吧！

聽覺遊戲教材 CD 的選擇說明 ●
聽覺遊戲題號與題目

遊戲題號與題目 ●
遊戲的難易度 ●
遊戲的目的與玩法 ●
遊戲區 ●
專注力小提醒 ●

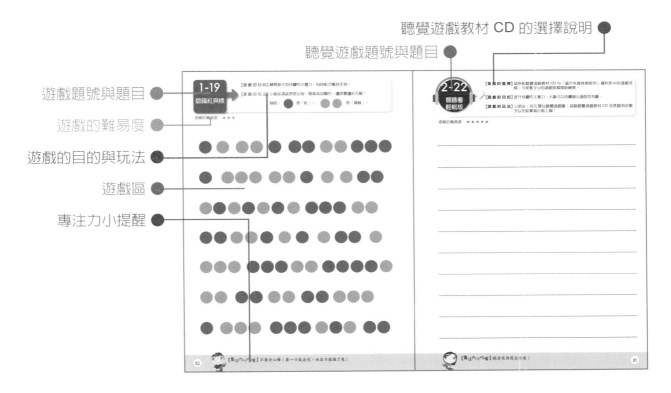

聽覺遊戲教材 CD 使用方法

遊戲音檔共分為四種檔名

遊戲音檔資料匣共分為四種音檔名稱與他們的題目號碼，即：

📁 **適合各題項挑戰**
📁 **適合初級使用的3-3-4-5-6**
📁 **適合新手使用的2-23-24-25**
📁 **聽故事找數字音檔**

● 適合各題挑戰使用：2-22 ／ 2-23 ／ 2-24 ／ 2-25 ／ 3-1 ／ 3-2 ／ 3-3 ／ 3-4 ／ 3-5 ／ 3-6

● 適合初級使用：3-3 ／ 3-4 ／ 3-5 ／ 3-6

● 適合新手使用：2-23 ／ 2-24 ／ 2-25

● 聽故事找數字音檔：4-20 ／ 4-21 ／ 4-22 ／ 4-23

📁 **大挑戰-快**
📁 **小挑戰-慢**
📁 **中挑戰-中**

其中，適合各題挑戰使用的遊戲音檔中，又分為慢、中、快三個層級，家長可讓孩子由「慢」開始嘗試起。

進行遊戲時，每個遊戲音檔皆可以使用，家長只需翻到你想要進行的遊戲題目，例如 2-23，看完了遊戲方式後──→點選「適合新手使用」的資料匣──→即可找到適合 2-23 的遊戲音檔資料匣然後就可以開始遊戲囉！待孩子熟悉玩法後，家長即可隨意應用，自訂題目讓孩子玩。

檔名標示可配合的題號

在聽覺遊戲教材 CD 中，會附上遊戲音檔，在每個資料匣上，會標註適合的遊戲項號碼。

📁 **適合新手使用的2-23-24-25**

即是指單元 2-23 ／ 2-24 ／ 2-25 都可以使用這個資料匣裡面的遊戲音檔。

視孩子的程度選擇遊戲音檔難度

而這些遊戲音檔會隨著編碼的數字愈多，而增加難度。

🔊 210-1.wav
🔊 210-2.wav
🔊 210-3.wav
🔊 210-4.wav
🔊 210-5.wav

例如，數字 210-5 就比 210-1 的難度較高哦！

家長可在一開始時選擇難度較低的遊戲音檔，待孩子適應後再逐步增加遊戲音檔的難度；並自行設計題目。

遊戲單元

遊戲的目的

練習孩子的持續性注意力,同時配合嘴到手到。

對小朋友的助益

提升持續性的注意力,幫助大腦可以持續對於外界的環境刺激做出判斷和反應,並且配合注意力的訓練,亦同時培養眼球動作及相關的基本閱讀技巧,幫助未來在閱讀理解及課業學習,能夠奠定良好的基礎。

運用到的專注力技巧

● 持續性注意力

[遊戲的目的] 練習孩子的持續性注意力，同時配合嘴到手到。

[遊戲的玩法] 小朋友請以色鉛筆在每一個 正中央，畫一點。

一邊畫點時，需一邊念「點」，並且在畫每一行的最後一個點時，嘴巴同時念「停」，如此依序完成遊戲。

遊戲的難易度：★

[專注力小叮嚀] 重疊的圖形有助於大腦的視覺區提高注意力喔！

[遊戲的目的] 練習孩子的持續性注意力,同時配合嘴到手到。

[遊戲的玩法] 請小朋友以色鉛筆在每一個 ☐ 的正中央,畫一個點;一邊畫點,一邊念「點」,並且,在畫每一行的最後一個 ☐ 時,嘴巴要同時念「停」,如此依序完成整張遊戲。

遊戲的難易度: ★

[遊戲的目的] 練習孩子的持續性注意力，同時配合嘴到手到。

[遊戲的玩法] 依照左右左右的順序，由上而下念出每一行的數字，並且每念一個數字都要拍手。

遊戲的難易度：★

8	6
7	5
9	4
8	1
9	4
0	3
2	9
1	0
6	3

[專注力小叮嚀] 不能漏了任何一行的數字喔！

1-4 眼睛追棒球

[遊戲的目的] 練習孩子的持續性注意力，同時配合嘴到手到。

[遊戲的玩法] 以色鉛筆從 X 先連線到灰色的珠珠，之後依順時針的方向，先由 X 分別連線到每一個數字，並且要念出「X ——叉叉」和每一個數字的名稱。例如：X —— 5，念「叉叉五」

遊戲的難易度：★

8　　　9

4　　　　5

0　　　　2

X

7

3

2　　　　6

4

3

[專注力小叮嚀] 不要漏掉任何一個數字喔！

[遊戲的目的] 練習孩子的持續性注意力,同時配合嘴到手到。

[遊戲的玩法] 請由上而下,由左至右依序邊念邊指出每一個圖形的形狀!

遊戲的難易度:★

[專注力小叮嚀] 雖然圖形的顏色越來越淺,但是要更仔細看,不能漏掉任何一個圖形喔!

[遊戲的目的] 練習孩子的持續性注意力，同時配合嘴到手到。

[遊戲的玩法] 請由上而下，由左至右依序邊念邊指出每一排的數字。

遊戲的難易度：★

8 5 7 9 6 8 3 1 0 4

8 4 6 7 1 0 3 2 5 9

4 6 7 1 0 2 8 9 3 5

9 6 0 1 8 7 3 5 2 4

1 0 6 8 7 5 2 9

[專注力小叮嚀] 雖然數字的顏色越來越淺，可是要更仔細看，不能漏掉每一個數字喔！

[遊戲的目的] 練習孩子的持續性注意力，同時配合嘴到手到。

[遊戲的玩法] 從每一行最前面開始，不論磚塊的大小，一邊數數字 1～4，一邊以色鉛筆畫掉每一個正方形的磚塊。

遊戲的難易度：★

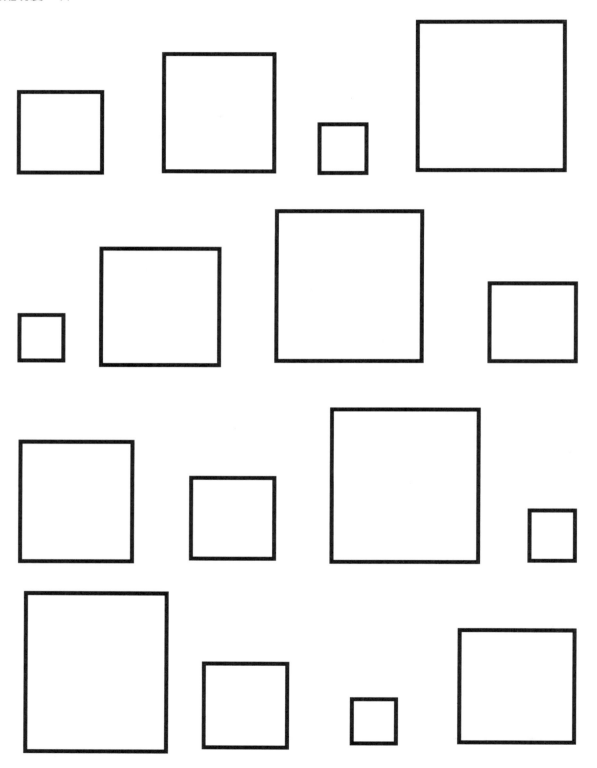

[專注力小叮嚀] 不要受到磚塊大小的影響，一直將數字念出來就對了！

[遊戲的目的] 練習孩子的持續性注意力，同時配合嘴到手到。

[遊戲的玩法] 依照順序，分組念出一組一組的數字。念每一個數字時，都要拍手。例如：「645」，需念出「六四五」，並且拍三次手；「6158」需念出「六一五八」，並且拍四次手。

遊戲的難易度：★★

645 6158 98 2875

71546 32057 894

79 13 4985 26059

4679 2305 51 636

3874 6501 21 015

68940 52 1068 24

[遊戲的目的] 練習孩子的持續性注意力，同時配合嘴到手到。

[遊戲的玩法] 請小朋友來畫汽球！每個汽球都有一個數字喔！計時 30 秒，邊念邊畫掉看你可以畫多少，時間到了就要停哦，記得要一邊畫一邊念哦！

[第二次試試看] 再試一次看看，是不是進步了呢？

遊戲的難易度：★★

第一次

1	2	3	4	5	1	2	3	4	5
1	2	3	4	5	1	2	3	4	5
1	2	3	4	5	1	2	3	4	5
1	2	3	4	5	1	2	3	4	5
1	2	3	4	5	1	2	3	4	5
1	2	3	4	5	1	2	3	4	5

第二次

1	2	3	4	5	1	2	3	4	5
1	2	3	4	5	1	2	3	4	5
1	2	3	4	5	1	2	3	4	5
1	2	3	4	5	1	2	3	4	5
1	2	3	4	5	1	2	3	4	5
1	2	3	4	5	1	2	3	4	5

[專注力小叮嚀] 不要強調孩子在遊戲結束時的結果，強調遊戲中途的努力及專心的歷程，才是對孩子更有助益的事！

[遊戲的目的] 練習孩子的持續性注意力，同時配合嘴到手到。

[遊戲的玩法] 分別在每一個線段的左右以色鉛筆畫上點點，例如：  ，並且分別念出「左」、「右」。

遊戲的難易度： ★ ★

 [專注力小叮嚀] 不能漏掉任何一行喔！每一行都要畫到。

[遊戲的目的] 練習孩子的持續性注意力，同時配合嘴到手到。

[遊戲的玩法] 每一行長條內都有圈圈，請小朋友自 1 開始，依序以色鉛筆在圈圈內寫出數字。每換一行長條時，就要再從 1 開始從頭寫起。

遊戲的難易度：★★

[專注力小叮嚀] 小心不能漏掉喔！圈圈距離的不同，有助於大腦判斷下一個圈圈內應書寫的數字喔！

1-12
大圈圈與小圈圈

[遊戲的目的] 練習孩子的持續性注意力，同時配合嘴到手到。

[遊戲的玩法] 請依圖形順序分別由上而下，由左至右念「大圈圈」與「小圈圈」，並且在念到小圈圈時，以色鉛筆將小圈圈塗滿顏色喔！

遊戲的難易度：★ ★

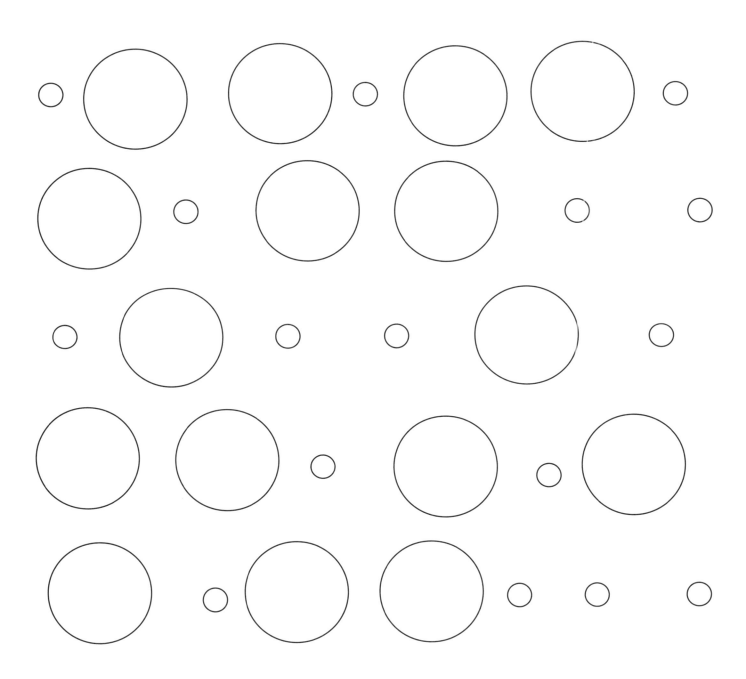

[遊戲的目的] 練習孩子的持續性注意力，同時配合嘴到手到。

[遊戲的玩法] 請將每一顆水珠最中間的橢圓形，以色鉛筆著上顏色，邊畫的同時要邊數是第幾個水珠。

遊戲的難易度：★ ★

[專注力小叮嚀] 水滴的方向有點複雜，仔細看喔，不要畫錯位子，著色時也不可以超出範圍外喔！

[**遊戲的目的**] 練習孩子的持續性注意力，同時配合嘴到手到。

[**遊戲的玩法**] 請看著下面的每一個方格，並且念出「曲線」，然後將每一個方格中的曲線，用彩色筆描繪出來。

遊戲的難易度：★ ★

[**專注力小叮嚀**] 背景有點複雜，但還是要努力畫出完整的每一條曲線喔！

[遊戲的目的] 練習孩子的持續性注意力，同時配合嘴到手到。

[遊戲的玩法] 請看著下面的每一個方格時，並且念出「斜線」，然後將每一個方格中的斜線，用彩色筆描繪出來。

遊戲的難易度：★ ★

[專注力小叮嚀] 背景有點複雜，但是還是要努力畫出完整的每一條斜線喔！沒有斜線的方格則不用畫喔！

[遊戲的目的] 練習孩子的持續性注意力，同時配合嘴到手到。

[遊戲的玩法] 念出每一顆珠珠顏色的名稱，念的同時要拍手。

遊戲的難易度：★ ★

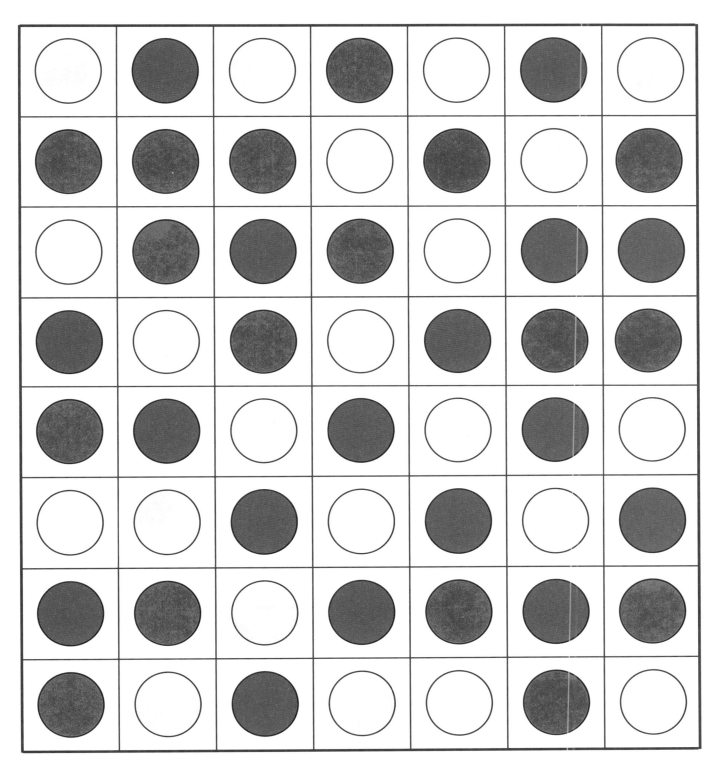

 [專注力小叮嚀] 一邊念同時可以提醒自己專心喔！並且注意閱讀時有沒有跳漏字喔！

[遊戲的目的] 練習孩子的持續性注意力，同時配合嘴到手到。

[遊戲的玩法] 請依左到右、上到下的順序，一邊念出珠珠的顏色，一邊用手指著被念到的珠珠。

遊戲的難易度：★ ★

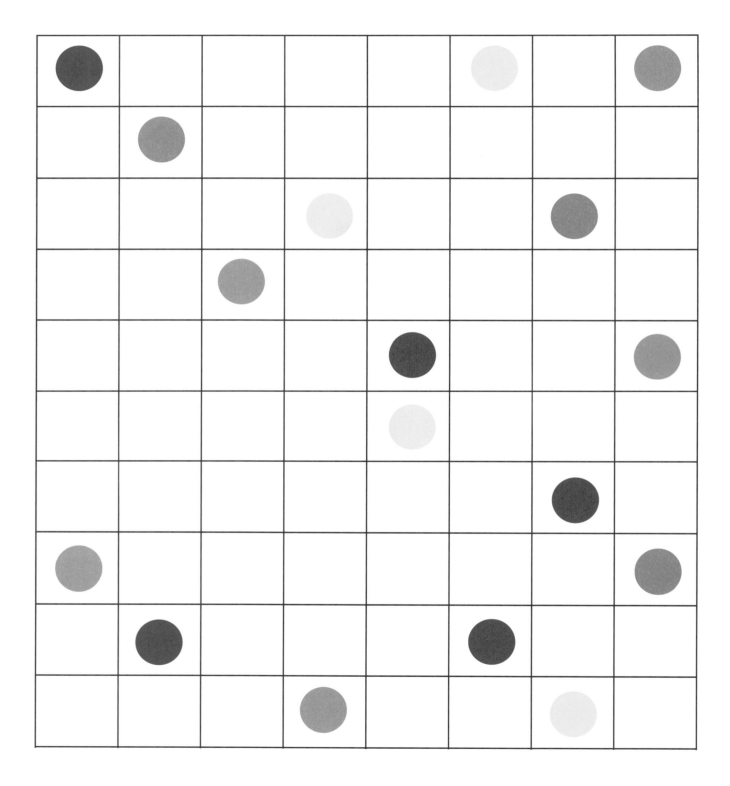

[專注力小叮嚀] 看清楚，不要漏了，也不要念錯行喔！

[遊戲的目的] 練習孩子的持續性注意力，同時配合嘴到手到。

[遊戲的玩法] 從左到右，由上而下，依序念出每一個數字，並且邊念邊拍手！

遊戲的難易度：★★★

2	4	5	7	3	4	9	2	3	6
3	5	9	5	7	3	0	9	6	4
8	0	3	4	8	7	9	6	5	2
1	3	5	7	3	2	4	3	5	7
6	9	8	0	5	6	7	4	3	4
2	1	3	6	5	7	8	9	4	3
1	2	9	0	3	6	4	5	8	9
3	4	6	5	1	2	8	7	0	5
6	9	4	7	3	5	7	9	8	3
1	2	9	8	0	4	6	5	3	7

[專注力小叮嚀] 不能漏了任何一行或是任何一個數字，也可以在念每一行之前，在該行的最前面打勾，以減少漏掉任何一行的可能性喔！

[遊戲的目的] 練習孩子的持續性注意力，同時配合嘴到手到。

[遊戲的玩法] 小朋友請依序念出每一個珠珠的顏色，邊念要邊拍手喔！

例如： 念「紅」， 念「綠綠」。

遊戲的難易度：★ ★ ★

[專注力小叮嚀] 不要分心喔！要一口氣念完，而且不能漏了喔！

[遊戲的目的] 練習孩子的持續性注意力，同時配合嘴到手到。

[遊戲的玩法] 小朋友請依序念出題目區內的每一組文字，例如：「右右－左」，「左左－右右」，邊念要邊拍手喔！

遊戲的難易度：★ ★ ★

右右－左　　左左－右右　　左左左－右右　　右右－左左左

右右右－左　　左左－左左－右　　右右－左左左－右右右

左左左－右－左左　　右－左－右右－左左　　左－右－左－右右

左左－右右－右右右－左　　右右－左左左－右－左左

右右－左左－右右右－左　　右－左－右右－左左左－右－左左

左左－右右右－左－右右－左左左－右右

左－右右－左左－右右右－左－右－左－右右

右右右－左－右右－左左左－右右

右－左左－右右右－左－左左－右右－右

左左－右右－左－右右右－左左左－右右右－左左

[專注力小叮嚀] 小朋友不要搞混左右喔！越念越多的時候，要小心不要漏掉了。

[遊戲的目的] 練習孩子的持續性注意力，同時配合嘴到手到。

[遊戲的玩法] 請依序看下面方格中的每一個圖，同時嘴巴念「畫出來」，並且將每一個圖中的直線或橫線用彩色筆描繪出來。

遊戲的難易度： ★ ★ ★

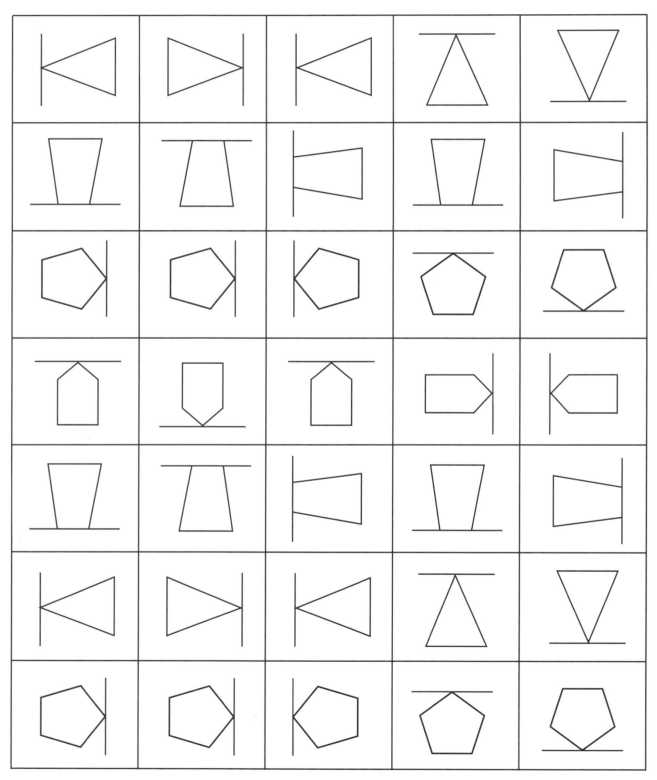

[專注力小叮嚀] 每一條線在每一個圖的不同位子，要看仔細喔！

[遊戲的目的] 練習孩子的持續性注意力，同時配合嘴到手到。

[遊戲的玩法] 小朋友請依序將題目的數字念出，一邊念的同時需要一邊拍手，如果是兩個數字一起的，則需分別念出數字。例如：66 需念出「六六」。

遊戲的難易度：★★★★

| 11 | | 5 | 9 | | 66 | 33 | 3 | | 2 |

| 88 | 0 | 7 | 44 | 44 | | 5 | 11 | 2 |

| 99 | 3 | | 8 | 00 | | 77 | 0 | 1 | 55 |

| 33 | 2 | 4 | 55 | | 0 | 8 | 0 | | 6 |

| 22 | 11 | 55 | 44 | | 88 | 1 | | 3 | 0 |

| 7 | | 66 | | 44 | 5 | 2 | 9 | 0 | | 22 |

| 77 | 3 | 1 | 5 | 4 | 9 | 88 | | 66 | | 3 |

| 4 | 11 | 8 | 55 | | 00 | | 22 | | 77 |

| 88 | 6 | 4 | 22 | | 9 | 77 | 5 | 9 | 00 | 8 |

| 3 | 5 | | 77 | 2 | 1 | | 44 | | 6 | 0 |

1-23
缺口

[遊戲的目的] 練習孩子的持續性注意力，同時配合嘴到手到。

[遊戲的玩法] 下面的方格中有些圖有缺口，有些圖沒有，請看著每一個圖同時念「找缺口」，然後將有缺口的圖以色鉛筆圈起來。

遊戲的難易度：★ ★ ★ ★

[專注力小叮嚀] 缺口不容易被看到喔，更要仔細的觀察！

[遊戲的目的] 練習孩子的持續性注意力，同時配合嘴到手到。

[遊戲的玩法] 請由左至右，由上至下，依序念出每一個圖形的名稱，並且邊念邊將念過的圖形以色鉛筆畫「X」。

遊戲的難易度： ★ ★ ★ ★

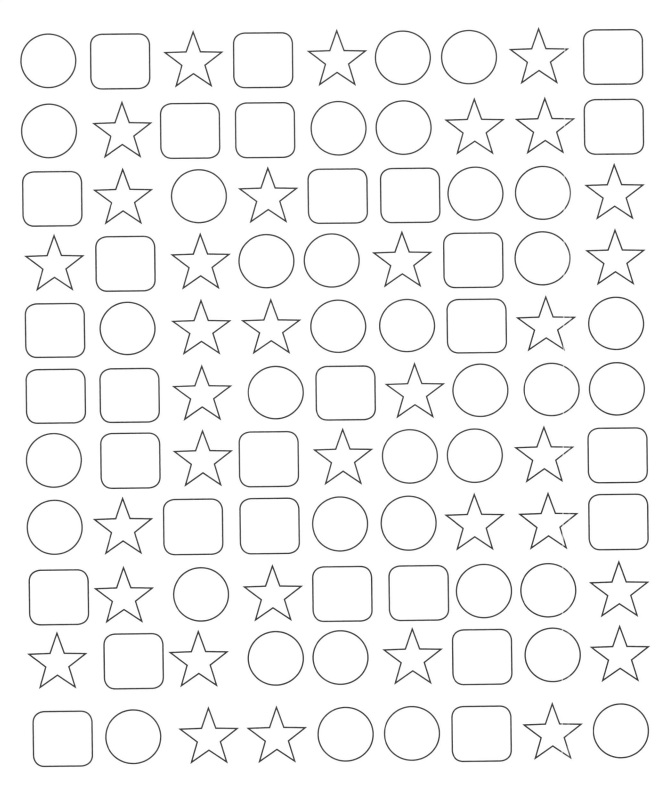

[遊戲的目的] 練習孩子的持續性注意力，同時配合嘴到手到。

[遊戲的玩法] 請在每一個圓與線條的交點，用彩色筆點一個點，從外向內，一圈又一圈，依序完成。畫點時，嘴巴也分別重複地不斷數 1～5。

遊戲的難易度：★★★★★

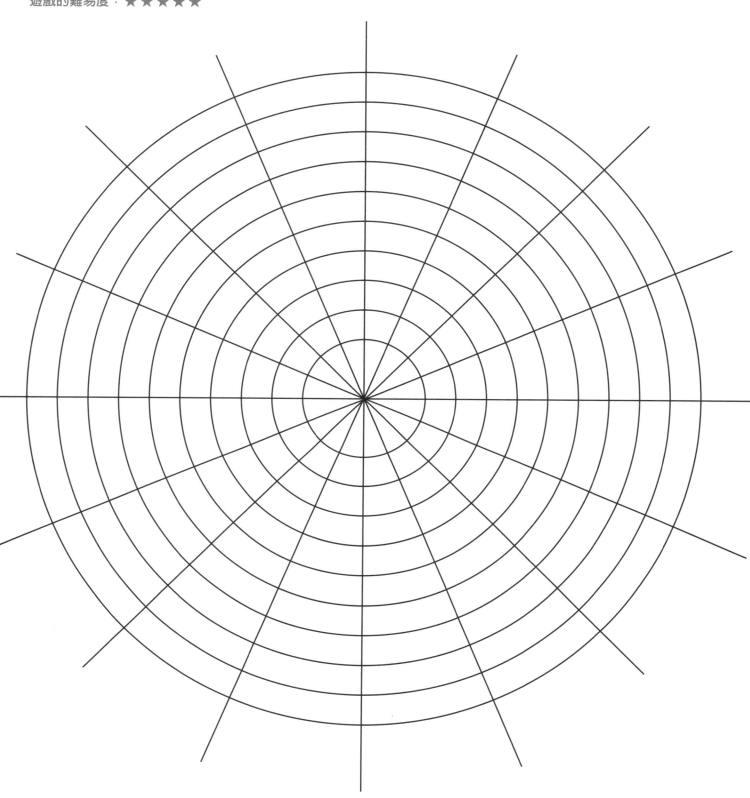

[專注力小叮嚀] 圈圈很密，不要看到眼花撩亂喔！

遊戲單元 **2**

遊戲的目的

提升孩子的持續性注意力。延長孩子在學習當中專注的時間，大腦可以持續專注於應該要做的功課。

對小朋友的助益

提升持續性的注意力，幫助大腦可以持續對於外界的環境刺激做出判斷和反應，並且於整體的警醒程度、視知覺技巧、認知彈性等做相關的加強與訓練，讓孩子各種能力的提升能夠輔助持續性的注意力，使孩子有更為顯著的進步。

運用到的專注力技巧

● 持續性注意力

[遊戲的目的] 提升持續性注意力，大腦可以持續做出適度的判斷。

[遊戲的玩法] 請爸爸、媽媽計時 30 秒，小朋友左手和右手的食指分別指著左右兩方的珠珠，從上而下分別念出珠珠的顏色，看看 30 秒內可以念幾次喔！

遊戲的難易度：★★

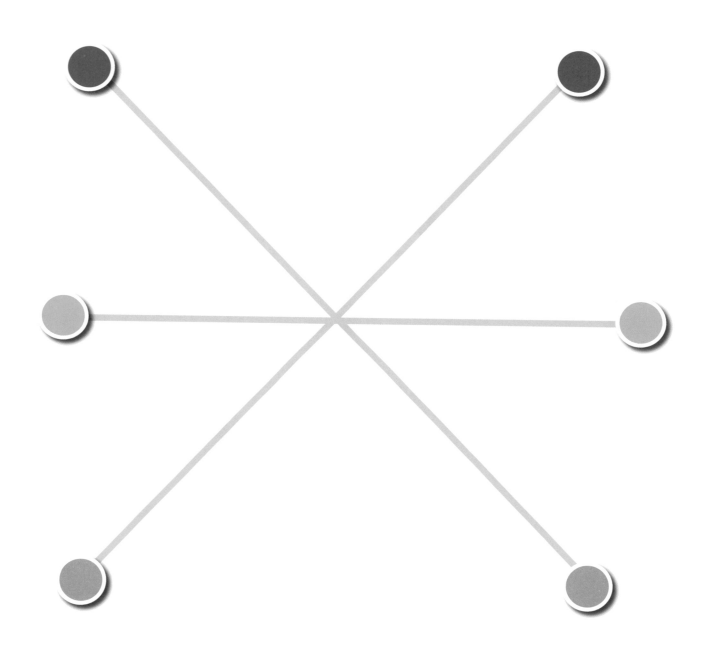

[專注力小叮嚀] 不但要正確地念出顏色，食指還要精確地指著每一顆珠珠喔！

[遊戲的目的] 提升持續性注意力，大腦可以持續做出適度的判斷。

[遊戲的玩法] 請在每一條線條的旁邊，以色鉛筆畫上一條一模一樣的線條，長度要一樣，位置也要一樣喔，看看 30 秒可以畫多少喔！

遊戲的難易度：★ ★ ★

[專注力小叮嚀] 每一條線的旁邊都要畫喔！

[遊戲的目的] 提升持續性注意力，大腦可以持續做出適度的判斷。

[遊戲的玩法] 請爸爸和媽媽計時，請小朋友在 30 秒內，盡量以色鉛筆連連看，一次連愛心，一次連到太陽，交替進行，並且一邊連一邊數數「1、2、3......」，看看可以將幾個星星與太陽串連起來喔！

遊戲的難易度：★ ★ ★ ★

[專注力小叮嚀] 連到每一個星星與太陽，都要數數喔！

[遊戲的目的] 提升持續性注意力，大腦可以持續做出適度的判斷。

[遊戲的玩法] 請從紅點點開始，依照寫數字 8 的方向和筆順，將珠珠的顏色一個接著一個念出來，念完的時候，看看花了多少時間喔！

遊戲的難易度： ★ ★ ★ ★

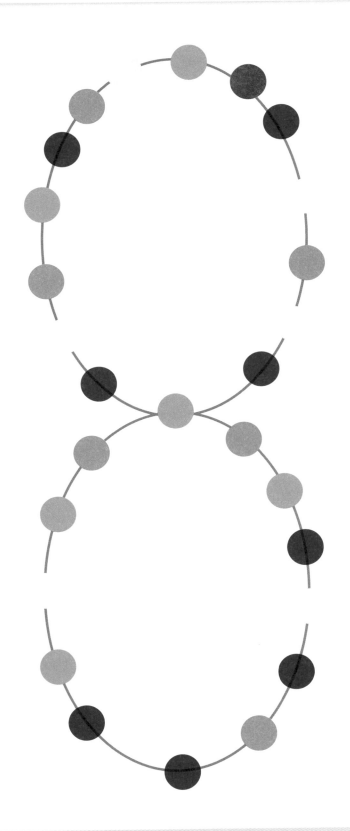

[專注力小叮嚀] 每一次練習時，都要計時喔，看看念的速度有沒有變快喔！

[遊戲的目的] 提升持續性注意力，大腦可以持續做出適度的判斷。

[遊戲的玩法] 請爸爸媽媽計時 30 秒，讓小朋友左手和右手的食指分別指著左右兩方的珠珠，從上而下分別念出珠珠的顏色，看看 30 秒內可以念幾次喔！

遊戲的難易度：★ ★ ★ ★

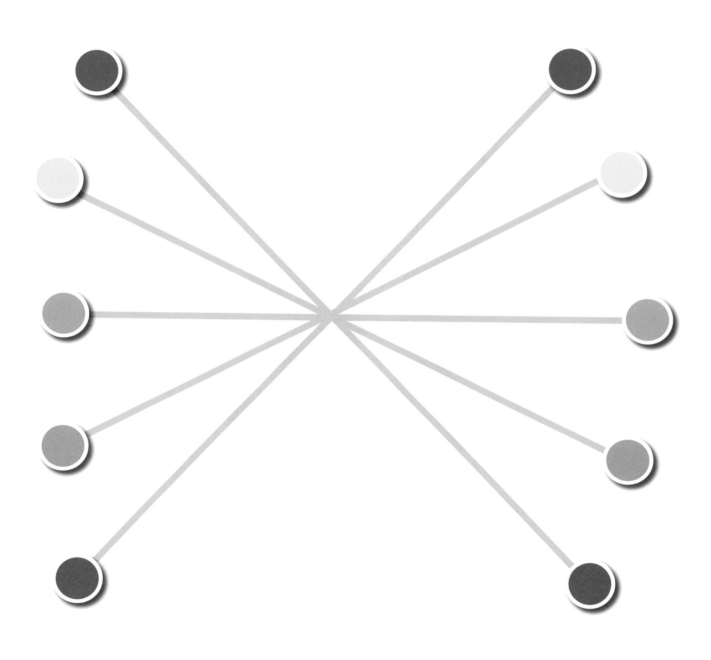

[專注力小叮嚀] 不但要正確地念出顏色，食指還要精確地指著每一顆珠珠喔！

[遊戲的目的] 提升持續性注意力，大腦可以持續做出適度的判斷。

[遊戲的玩法] 請爸爸媽媽計時，看小朋友要花多久的時間才能夠在每一個圖形內以色鉛筆畫上線條。

遊戲的難易度： ★

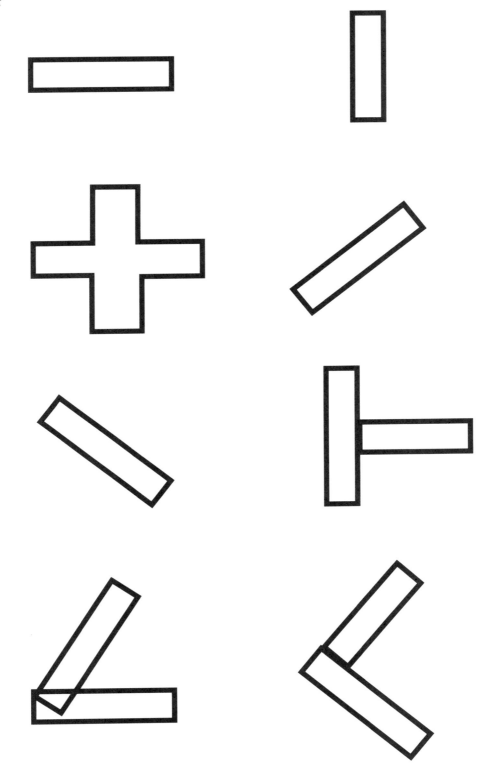

[專注力小叮嚀] 每一次畫完所有的線條的時間，一次要比一次還要快喔！

[遊 戲 的 目 的] 提升孩子持續性注意力，大腦可以持續做出判斷。

[遊 戲 的 玩 法] 請順著箭頭指出的方向，以色鉛筆沿著框框將線條畫出，請注意線條
不可以跑到框框之外喔！

遊戲的難易度： ★

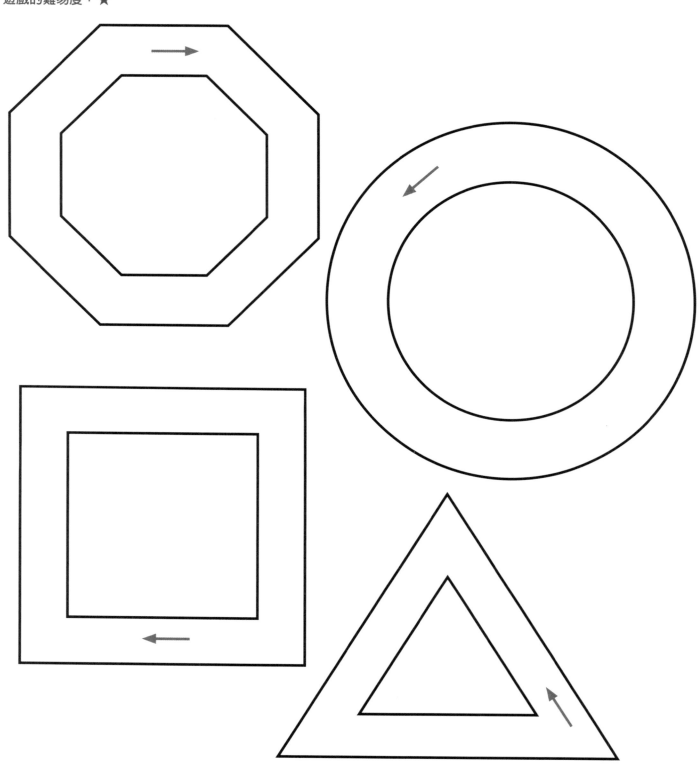

[專注力小叮嚀] 箭頭尖尖的是指向哪裡呢？看清楚再畫線條喔！

[遊戲的目的] 提升持續性注意力，大腦可以持續做出適度的判斷。

[遊戲的玩法] 請爸媽隨著格子的數量，隨意念出相對應數量的數字，例如：第一行念「1、2、3」，並請小朋友用鉛筆將數字填入格子中。

遊戲的難易度： ★ ★

[遊戲的目的] 提升持續性注意力，大腦可以持續做出適度的判斷。

[遊戲的玩法] 小朋友請從灰色點點出發，依序念出每個箭頭所指的方向。

遊戲的難易度：★★

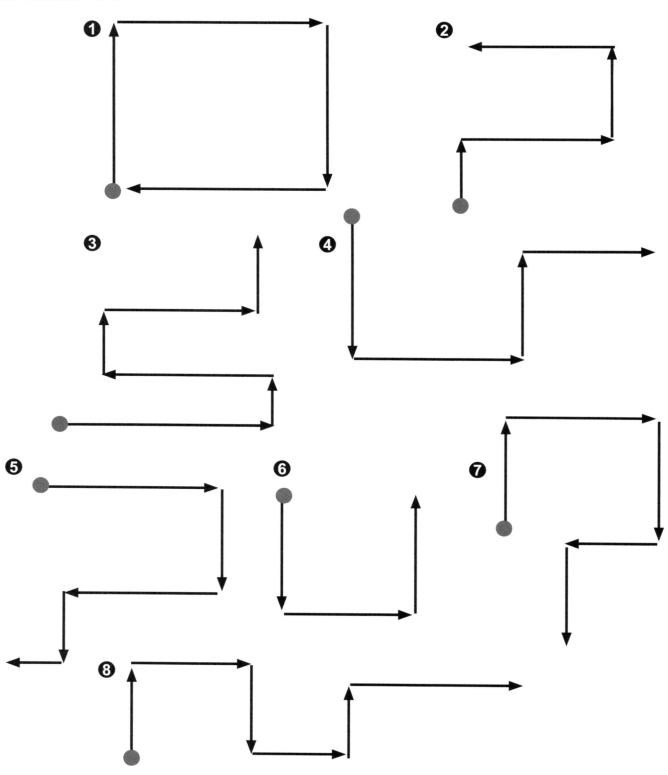

[專注力小叮嚀] 不只要看對方向，眼睛也要跟著線繼續走下去喔！

[遊戲的目的] 提升持續性注意力，大腦可以持續做出適度的判斷。

[遊戲的玩法] 計時開始時，小朋友請將每一個圖形所代表的數字連起來，連每一個圖形時，都從 1 開始，最後再連回到 1，並且跟著看到的數字，把數字分別念出來，全部的圖形完成時，總共花了幾秒鐘喔！

遊戲的難易度：★★

❶

1　2

4　3

❷

1

4　　2

3

❸

1

3　　2

❹

1　2

3

❺

1　2　3

5　4

❻

1

5　　2

4　3

[專注力小叮嚀] 每一次練習時，都要看看秒數有沒有變少，秒數變少了，就是進步了呢！

[遊戲的目的] 提升持續性注意力，大腦可以持續做出適度的判斷。

[遊戲的玩法] 小朋友請依順序念出每個箭頭所指的方向。

例如： 念為「上」。

遊戲的難易度：★★★

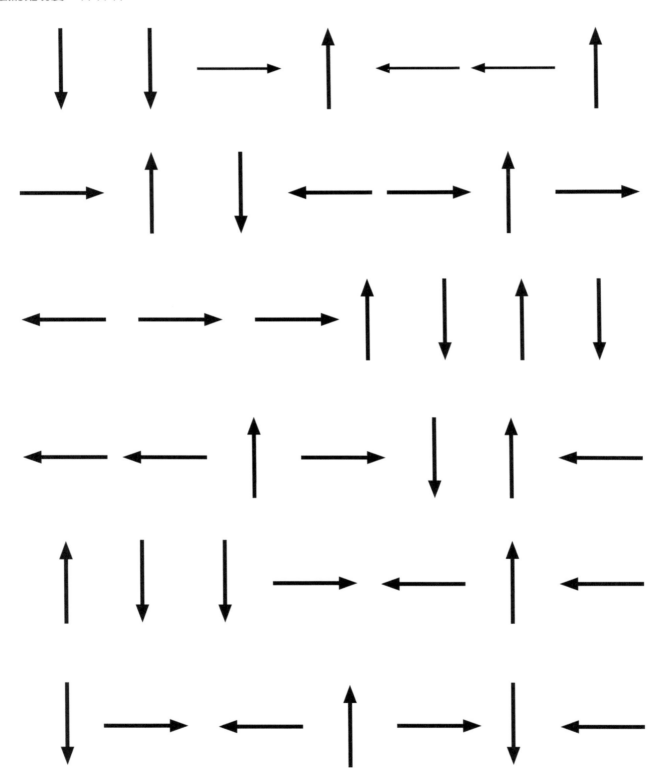

[專注力小叮嚀] 上下左右要弄清楚喔！

遊戲的難易度：★★★

ㄅ ㄉ ㄓ ㄚ ㄞ ㄢ ㄦ

ㄆ ㄊ ㄍ ㄐ ㄗ ㄧ ㄛ ㄟ ㄣ ㄇ

ㄎ ㄑ ㄕ ㄘ ㄨ ㄜ ㄠ ㄤ ㄈ ㄌ ㄏ ㄒ ㄖ ㄙ

ㄝ ㄡ ㄥ ㄦ ㄣ ㄤ ㄥ ㄞ ㄟ ㄠ ㄡ ㄚ ㄛ ㄜ ㄝ ㄧ ㄨ ㄩ

ㄙ ㄓ ㄔ ㄕ ㄖ ㄐ ㄑ ㄒ ㄍ ㄎ ㄏ ㄌ ㄊ ㄋ ㄌ ㄅ ㄆ ㄇ ㄈ ㄤ ㄠ

ㄨ ㄘ ㄕ ㄑ ㄎ ㄋ ㄇ ㄣ ㄟ ㄧ ㄗ ㄔ ㄐ ㄍ ㄊ ㄆ ㄦ ㄢ ㄚ ㄓ

ㄥ ㄡ ㄝ ㄩ ㄙ ㄖ ㄒ ㄏ ㄌ ㄈ ㄦ ㄢ ㄞ ㄚ ㄓ ㄌ ㄅ ㄋ ㄌ ㄉ ㄊ ㄎ ㄏ ㄒ ㄐ

ㄕ ㄖ ㄔ ㄓ ㄘ ㄙ ㄗ ㄨ ㄩ ㄧ ㄜ ㄝ ㄛ ㄚ ㄠ ㄡ ㄟ ㄞ ㄤ ㄥ ㄣ ㄢ ㄇ ㄈ

[遊戲的目的] 提升持續性注意力，大腦可以持續做出適度的判斷。

[遊戲的玩法] 小朋友請依照黑點點之間的間隔，一邊拍手，一邊依序念出聲音，間隔小的，念「快」；間隔大的，念「慢」。

例如：●● 念「快快」。 ● ● ● 念「慢慢慢」。

遊戲的難易度：★ ★ ★

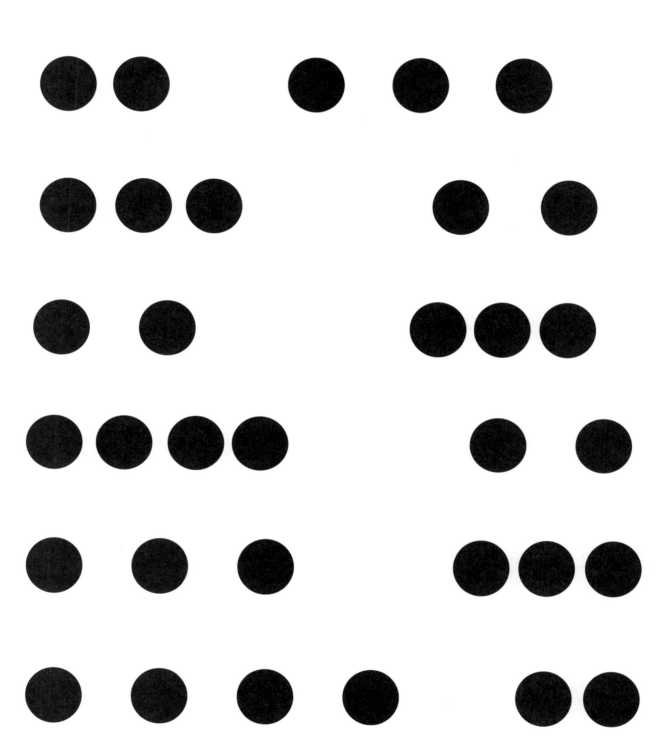

[專注力小叮嚀] 想清楚了再念出來喔！

Where a child starts his visual scan is important. Draw large letters on the board and number in sequence the proper scanning pattern of top to bottom and left to right. At the beat of a metronome, the child calls out the numbers in proper sequence and ends it by saying the name of the letter or numbers.

[遊戲的目的] 提升持續性注意力，大腦可以持續做出適度的判斷。

[遊戲的玩法] 小朋友請從上而下，一排接著一排，每個格子中的圖案，只要出現圓形，就要以色鉛筆將那一個格子塗滿顏色喔！

遊戲的難易度：★★★

<	≠	>	◎	♀	※	≠	?
#	?	◎	⊕	<	≠	>	※
>	※	#	?	>	⊕	◎	#
#	≠	⊕	※	♀	≠	<	♀
◎	※	≠	#	>	♀	⊕	>
⊕	♀	>	<	?	※	≠	♀
♀	<	◎	?	≠	⊕	#	※
※	⊕	#	※	◎	<	?	◎

[專注力小叮嚀] 不管是大圓形或小圓形，只要是圓形都算喔！花多久的時間完成呢？

[遊戲的目的] 提升持續性注意力，大腦可以持續做出適度的判斷。

[遊戲的玩法] 請小朋友依題號，念出每一題的題目，念完之後，告訴爸爸和媽媽這一題的題目裡有幾個數字 3 喔？

遊戲的難易度：★ ★ ★ ★

❶	$4+7+3+8+1+2+0=$
❷	$9+1+3+4+2+7+3=$
❸	$6+4+2+8+1+3+5=$
❹	$7+3+9+4+6+2+3=$
❺	$1+3+5+7+6+4+2=$
❻	$3+7+2+4+3+3+1=$
❼	$5+6+1+7+0+2+4=$
❽	$8+3+4+9+2+0+3=$
❾	$6+2+1+4+5+8+0=$
❿	$9+4+6+3+3+3+2=$

[專注力小叮嚀] 要仔細的念題目喔，每一個數字都不能漏了喔！

[遊戲的目的] 提升持續性注意力，大腦可以持續做出適度的判斷。

[遊戲的玩法] 小朋友請用鉛筆依順序將下面英文字母中的「b」、「d」分別圈出。

遊戲的難易度：★ ★ ★ ★

q b p d b p q d p d q p d p p d p b d b

d d p q d b d p b d p q d p b p b d p b

p d b p b d p q p p d q d p b d b q b d b

d q d q b d b p q d p d q p d p p d p

b d b d d p q d b d p b d p q d p b p b

d p b p b d p d p q p p d q p b d b q

b d b d q d q b p d b d p q d p d q p d p

p d p b d b d d p q d b d p b d p q d p

b p b d p b p d b d p q p p d q p b

d b q b d b d q d p q b p d b p d p q

p d p p d p b d b d d p q d b d p b d p

q d p b d p b d p d b p b d p q p p d

[遊戲的目的] 提升持續性注意力，大腦可以持續做出適度的判斷。

[遊戲的玩法] 請從「星星」的圖形出發，該怎麼走到「禁止通行」的符號呢？走過的格子，記得以色鉛筆畫上圈圈喔！

遊戲的難易度：★ ★

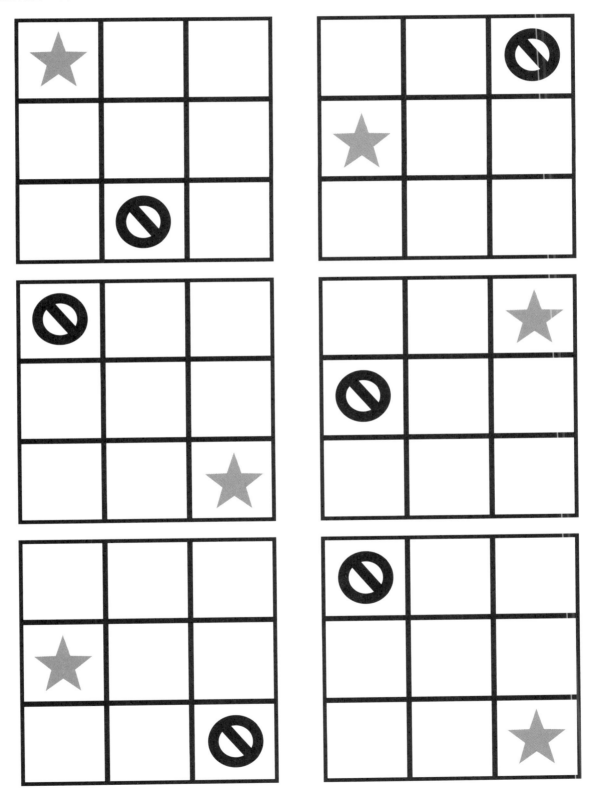

[專注力小叮嚀] 動動腦筋想一想，要怎麼樣才能一步一步走到呢？是不是一開始就想好路徑了呢？

77

[遊戲的目的] 提升持續性注意力，大腦可以持續做出適度的判斷。

[遊戲的玩法] 請爸爸和媽媽計時，請小朋友要在 30 秒內，盡量以色鉛筆連連看，將愛心連起來，一邊連一邊數數「1、2、3......」，看看可以將幾個星星串起來喔！

遊戲的難易度：★ ★

[專注力小叮嚀] 連到每一個愛心，就要數數喔！

[遊戲的目的] 提升持續性注意力，大腦可以持續做出適度的判斷。

[遊戲的玩法] 請沿著線，從上方走到中間，再走到下方，出發時要在出發處寫1，到橫線的地方時要寫2，走到最下方時要寫3，依序以色鉛筆將每一條線畫完，看看總共花了幾秒鐘。

遊戲的難易度：★★

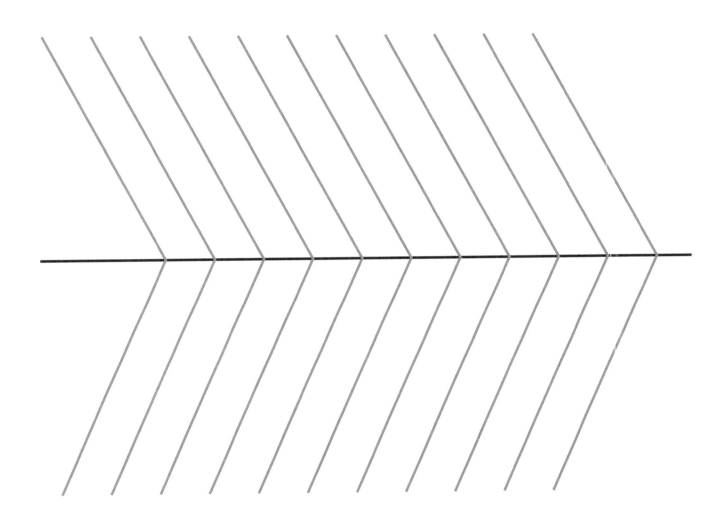

[遊戲的目的] 提升持續性注意力，大腦可以持續做出適度的判斷。

[遊戲的玩法] 請從「星星」的圖形出發，走到「禁止通行」的符號，要怎麼樣才可以以最短的路走到呢？走過的格子，記得以色鉛筆畫上圈圈喔！

遊戲的難易度：★ ★ ★

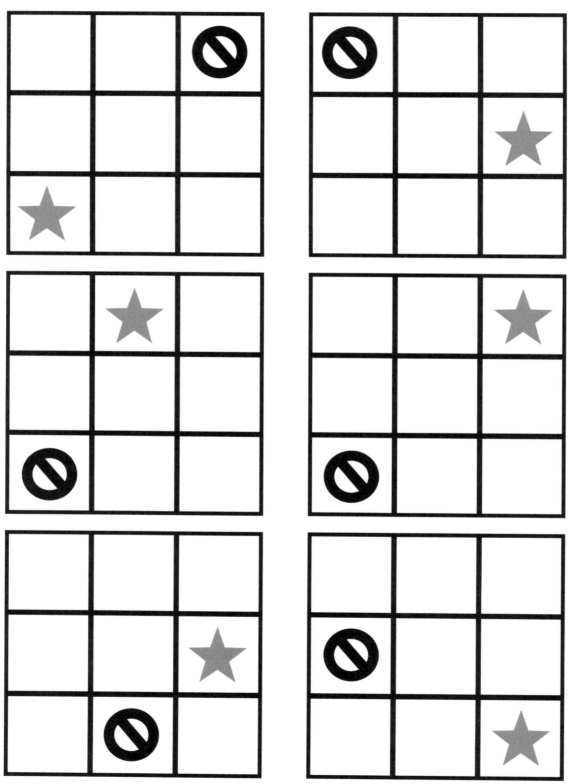

[專注力小叮嚀] 動動腦筋想一想，要怎麼樣才能一步一步走到呢？

[音檔的選擇] 請搭配聽覺遊戲教材CD中「適合各題挑戰使用」資料匣中的遊戲音檔,可從數字少的遊戲音檔開始練習。

[遊戲的目的] 提升持續性注意力,大腦可以持續做出適度的判斷。

[遊戲的玩法] 小朋友,現在要玩聽覺遊戲囉!請聽聽覺遊戲教材 CD 並將聽到的數字以色鉛筆寫在紙上喔!

遊戲的難易度: ★ ★ ★ ★ ★

_____

_____

_____

_____

_____

_____

_____

_____

[專注力小叮嚀] 聽清楚再寫出來喔!

2-23

聽聽看
簡單版

[音檔的選擇] 請搭配聽覺遊戲教材CD中「適合新手使用」及「適合各題挑戰使用」資料匣中的遊戲音檔，可從數字少的遊戲音檔開始練習。

[遊戲的目的] 提升持續性注意力，大腦可以持續做出適度的判斷。

[遊戲的玩法] 小朋友，現在要玩聽覺遊戲囉！請聽聽覺遊戲教材 CD 並將聽到的數字以色鉛筆寫在紙上喔！

遊戲的難易度：★ ★ ★ ★ ★

［專注力小叮嚀］ 聽清楚再寫出來喔！

2-24

聽聽看
認真版

[音檔的選擇] 請搭配聽覺遊戲教材CD中「適合新手使用」及「適合各題挑戰使用」
資料匣中的遊戲音檔，可從數字少的遊戲音檔開始練習。

[遊戲的目的] 提升持續性注意力，大腦可以持續做出適度的判斷。

[遊戲的玩法] 小朋友，現在要玩聽覺遊戲囉！請聽聽覺遊戲教材 CD 並將聽到的數
字以色鉛筆寫在紙上喔！

遊戲的難易度： ★ ★ ★ ★ ★

_____

_____

_____

_____

_____

_____

_____

_____

[專注力小叮嚀] 聽清楚再寫出來喔！

[音檔的選擇] 請搭配聽覺遊戲教材CD中「適合新手使用」及「適合各題挑戰使用」資料匣中的遊戲音檔,可從數字少的遊戲音檔開始練習。

[遊戲的目的] 提升持續性注意力,大腦可以持續做出適度的判斷。

[遊戲的玩法] 小朋友,現在要玩聽覺遊戲囉!請聽聽覺遊戲教材 CD 並將聽到的數字以色鉛筆寫在紙上喔!

遊戲的難易度: ★ ★ ★ ★ ★

_____

_____

_____

_____

_____

_____

_____

_____

[專注力小叮嚀] 聽清楚再寫出來喔!

遊戲單元 3

遊戲的目的

學習的環境中，有各式各樣不同的刺激，有些是孩子需要的，有些則不是，孩子要能夠從這些的刺激當中，選擇自己所要的，而不被不必要的訊息所干擾，學習才可以更專心，學習的效果也會更顯著喔！

對小朋友的助益

提升選擇性注意力，幫助大腦對於外界的環境刺激除了能夠持續處理之外，並且有效率的選擇所必須注意的重要訊息，不會遺漏。幫助在習得各種技能時，能夠適度提取學習重點，並且不斷地重複運用和組織這些重要點。

運用到的專注力技巧

- 選擇性注意力
- 持續性注意力

3-1 聽覺遊戲

[音檔的選擇] 請搭配聽覺遊戲教材CD中「適合各題挑戰使用」資料匣中的遊戲音檔，可從數字少的遊戲音檔開始練習。

[遊戲的目的] 聽覺練習，提升聽覺的注意力，促進大腦對外界刺激產生反應的時間延長。

[遊戲的玩法] 小朋友，嘴巴要跟著聽覺遊戲教材CD播放出來的聲音念出聲喔！

遊戲的難易度：★★

[專注力小叮嚀] 光碟播放聲音的時間變長了，要忍耐一下喔！

[音檔的選擇] 請搭配聽覺遊戲教材CD中「適合各題挑戰使用」資料匣中的遊戲音檔，可從數字少的遊戲音檔開始練習。

[遊戲的目的] 聽覺練習，提升聽覺注意力，大腦對於每一個環境來的刺激，都要做出反應喔！

[遊戲的玩法] 小朋友，嘴巴要跟著聽覺遊戲教材 CD 播放出來的聲音念出聲喔！同時聽到數字 1 要拍手一下。

遊戲的難易度：★ ★ ★

[專注力小叮嚀] 嘴巴跟著念，可以幫助提升注意力喔！

3-3
聽覺遊戲

[音檔的選擇] 請搭配聽覺遊戲教材CD中「適合初級使用」及「適合各題挑戰使用」資料匣中的遊戲音檔,可從數字少的遊戲音檔開始練習。

[遊戲的目的] 聽覺練習,提升聽覺的注意力,並且幫助大腦可以有效地做判斷!

[遊戲的玩法] 小朋友,嘴巴要跟著聽覺遊戲教材CD播放出來的聲音念出聲喔!同時聽到數字3和9時都要拍手一下。

遊戲的難易度: ★ ★ ★

_____

_____

_____

_____

_____

_____

_____

_____

[專注力小叮嚀] 不是每一個數字都要拍手,所以要仔細聽喔!

3-4
聽覺遊戲

[音檔的選擇] 請搭配聽覺遊戲教材CD中「適合初級使用」及「適合各題挑戰使用」資料匣中的遊戲音檔，可從數字少的遊戲音檔開始練習。

[遊戲的目的] 聽覺練習，提升聽覺的注意力，並且幫助大腦可以有效地做判斷！

[遊戲的玩法] 小朋友，嘴巴要跟著聽覺遊戲教材CD播放出來的聲音念出聲喔！同時聽到數字2和8時都要拍手一下。

遊戲的難易度：★ ★ ★

_____

_____

_____

_____

_____

_____

_____

_____

 [專注力小叮嚀] 不是每一個數字都要拍手，所以要仔細聽喔！

3-5 聽覺遊戲

[音檔的選擇] 請搭配聽覺遊戲教材CD中「適合初級使用」及「適合各題挑戰使用」資料匣中的遊戲音檔，可從數字少的遊戲音檔開始練習。

[遊戲的目的] 聽覺練習，提升聽覺的注意力，並且幫助大腦可以有效地做判斷！

[遊戲的玩法] 小朋友，嘴巴要跟著聽覺遊戲教材 CD 播放出來的聲音念出聲喔！同時聽到數字 1 和 2 和 9 時都要拍手一下。

遊戲的難易度：★ ★ ★ ★

[專注力小叮嚀] 要注意的數字變多了，有一點點難，不要分心喔！

3-6 聽覺遊戲

[音檔的選擇] 請搭配聽覺遊戲教材CD中「適合初級使用」及「適合各題挑戰使用」資料匣中的遊戲音檔，可從數字少的遊戲音檔開始練習。

[遊戲的目的] 聽覺練習，提升聽覺的注意力，促進大腦對外界刺激產生反應的時間延長，並且是正確的反應。

[遊戲的玩法] 小朋友，嘴巴要跟著聽覺遊戲教材CD播放出來的聲音念出聲喔！同時聽到數字 1 要拍手 2 下，聽到數字 2 要拍手 1 下。

遊戲的難易度：★ ★ ★ ★

[專注力小叮嚀] 不同的數字，拍手的方法不同，要記牢喔，不要拍錯了！

86710324987246

01872960147350

15824973750976

43820897594816

27064829730157

12864708601479

[專注力小叮嚀] 每一個數字都要念，不要漏了任何一個數字喔！

[遊戲的目的] 提升選擇性注意力，並且能將訊息在大腦中做適當的處理與轉換！

[遊戲的玩法] 小朋友，請依照字體的大小，依序念出下列的指示。例如：大的字體，念「大」；小的字體，念：「小」。

遊戲的難易度：★★★★

大	小	小	大	大	大	小	小	大	小
小	大	大	大	小	小	大	小	小	小
大	小	大	小	大	小	大	小	大	小
小	小	大	大	小	大	小	小	大	大
大	大	小	小	大	小	小	小	大	小
大	小	小	大	大	小	大	小	大	大
小	小	大	大	小	大	大	小	小	大
大	小	大	小	大	小	小	大	大	小
小	大	大	小	小	大	小	小	大	小
大	小	小	大	大	大	小	小	小	大

[專注力小叮嚀] 想一下再念喔！要持續地想，專注在字體的大、小區辨上喔！

[遊戲的目的] 提升選擇性注意力，並且能將訊息在大腦中做適當的處理與轉換！

[遊戲的玩法] 小朋友，看到「大」念「小」，看到「小」念「大」，依序念出圖中的文字。

遊戲的難易度：★ ★ ★ ★

大	小	小	大	大	大	小	小	大	小
小	大	大	大	小	小	大	小	小	小
大	小	大	小	大	小	大	小	大	小
小	小	大	大	小	大	小	小	大	大
大	大	小	小	大	小	小	小	大	小
大	小	小	大	大	小	大	小	大	大
小	小	大	大	小	大	大	小	小	大
大	小	大	小	大	小	小	大	大	小
小	大	大	小	小	大	小	小	大	小
大	小	小	大	大	大	小	小	小	大

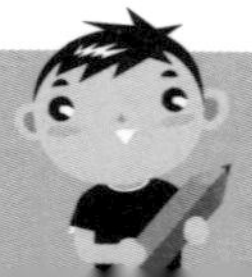

[專注力小叮嚀] 想一下再念喔！請專注在看到的中文字是什麼喔！

3-10
造「反」了

[遊戲的目的] 提升選擇性注意力，並且能將訊息在大腦中做適當的處理與轉換！

[遊戲的玩法] 小朋友，請依圖形的順序念出下列的指示。先念「形狀」，再念「左右或中間」。但是，請注意「圓形」要念「正方形」，反之「正方形」則要念圓形；「左」方的圖形念「右」方，「右」方的圖形則念「左」方，中間的圖形還是念「中間」。

遊戲的難易度：★★★★

例如 念為「正方形、右邊；圓形、左邊」。

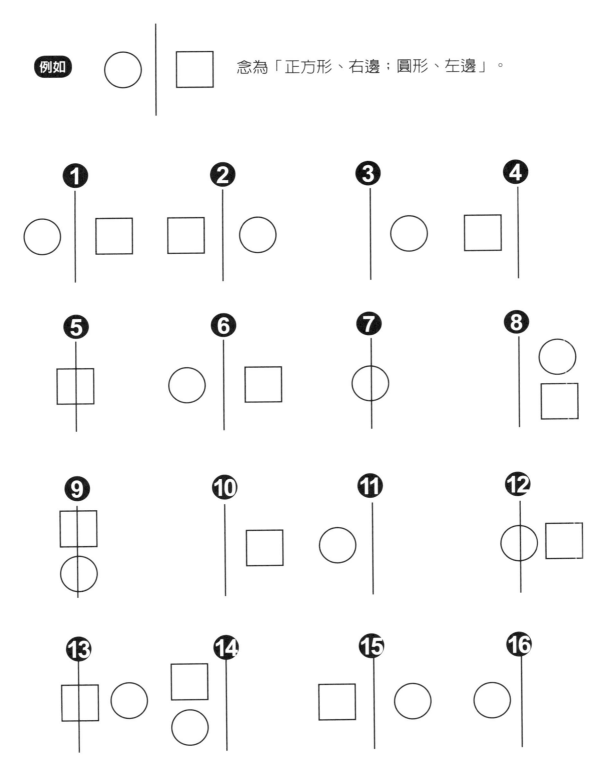

3-11
轉彎不簡單

[遊戲的目的] 提升選擇性注意力，並且大腦可以不斷地處理訊息。

[遊戲的玩法] 小朋友請使用色鉛筆沿著字母畫線，遇到字母不同時，需要轉彎。

遊戲的難易度：★★★★

例如

a a a b b c d d e

k k g g y c c k r r b d d g g y j k k q

b p b d d b b p p q q b b d d p p d d

b j j p p h k h q q y b d c c y y g g k

k h k k h j j r r g g y y k h j y g d p q

q q b b d d p p d d b b b p p d d b b d

b b p p q p b b d d p q q b b d d p p

[專注力小叮嚀] 眼睛要看，手要動，要記得轉彎喔！

[遊戲的目的] 提升選擇性注意力，並且大腦可以不斷地處理訊息。

[遊戲的玩法] 小朋友請看看下方題目區的小圖形，並在下方的遊戲區中找出它們是上方的哪一個圖形喔！

遊戲的難易度：★ ★

題目區

     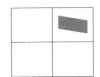

遊戲區

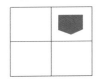 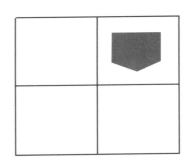 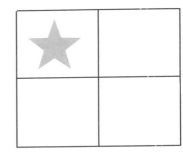

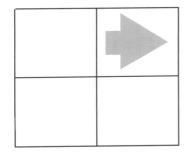 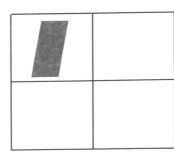 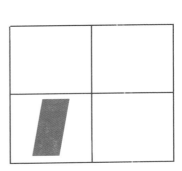

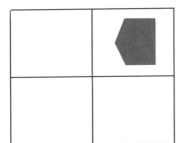 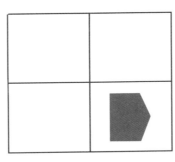 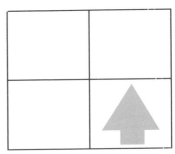

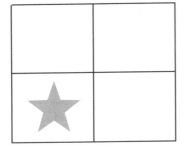 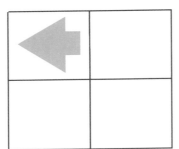 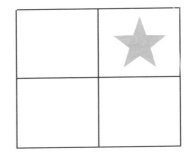

 [專注力小叮嚀] 不只要仔細看是哪一種圖形，還要看清楚是格子裡的哪一個位子喔！

[遊戲的目的] 提升選擇性注意力，並且大腦可以不斷地處理訊息。

[遊戲的玩法] 請爸爸媽媽隨機念「紅色」、「黃色」、「藍色」、「綠色」四種顏色的名稱，小朋友每次聽到顏色的名稱時，需要找一個相同顏色的框框，並且以色鉛筆在框框內畫上相同顏色的線條。

遊戲的難易度：★★

[專注力小叮嚀] 背景很複雜吧，要仔細尋找喔！

[遊戲的目的] 提升選擇性注意力,並且大腦可以不斷地處理訊息。

[遊戲的玩法] 請爸爸、媽媽拿著手電筒在紙張的背後任意打燈,請小朋友看手電筒的燈光打在哪裡,就要念出亮燈的珠珠顏色名稱,但是當爸爸、媽媽電燈打在紅色的珠珠時,小朋友要記得拍手。

遊戲的難易度:★ ★

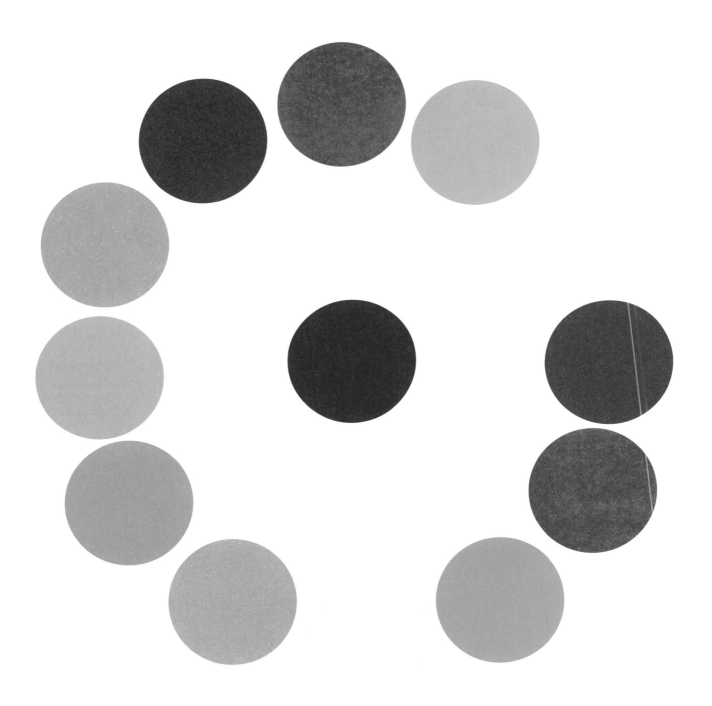

[專注力小叮嚀] 看到紅色珠珠亮了時,記得要拍手喔!

[遊戲的目的] 提升選擇性注意力，並且大腦可以不斷地處理訊息。

[遊戲的玩法] 小朋友請數一數，每一種顏色的珠珠有幾顆喔？

遊戲的難易度：★ ★

題目區

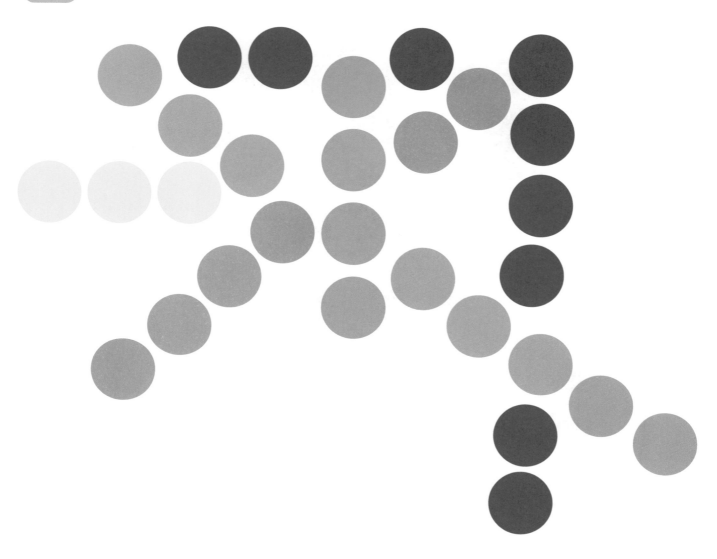

遊戲區

綠色 ___ 顆　　紅色 ___ 顆　　橘色 ___ 顆

黃色 ___ 顆　　藍色 ___ 顆

[專注力小叮嚀] 有沒有注意到每一種珠珠的排列方式不一樣喔！

[遊戲的目的] 提升選擇性注意力，此外，每一次的反應中，大腦都是有經過思考與判斷。

[遊戲的玩法] 小朋友，請依序用鉛筆於每個框框內畫上橫線，並且在畫線的同時，碰到短的框框就念「長」，碰到長的框框就念「短」。

例如：畫 ⬚⬚⬚⬚⬚ ，並且念「短」。

遊戲的難易度：★ ★ ★

[遊戲的目的] 提升選擇性注意力，並且大腦可以不斷地處理訊息。

[遊戲的玩法] 請爸爸、媽媽拿著手電筒在紙張的背後任意打燈，請小朋友看手電筒的燈光打在哪裡，就要念出亮燈的珠珠顏色名稱，但是當爸爸、媽媽電燈打在紅色、綠色和黑色的珠珠時，小朋友要記得拍手。

遊戲的難易度：★ ★ ★

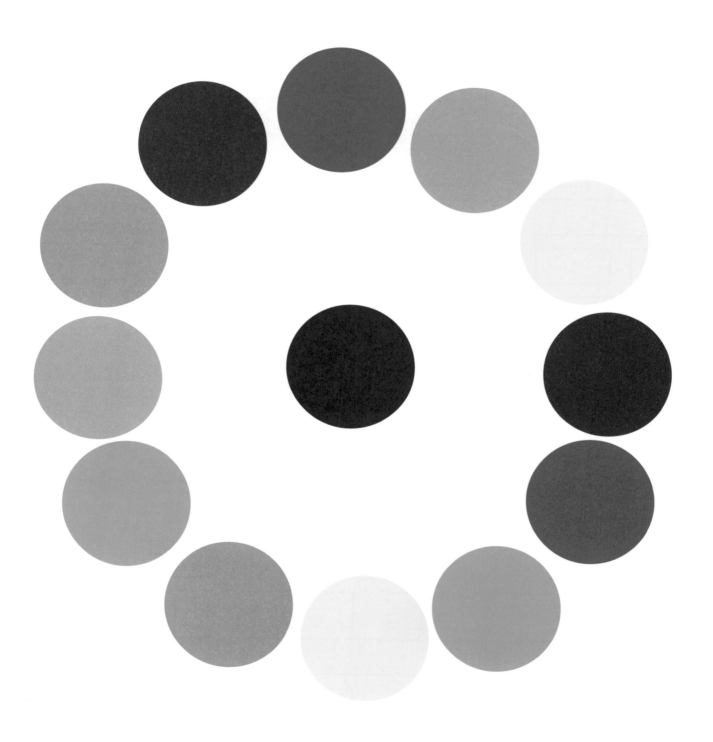

[專注力小叮嚀] 看到紅、綠及黑色珠珠亮了時，要記得拍手喔！

[遊戲的目的] 提升選擇性注意力,並且大腦可以不斷地處理訊息。

[遊戲的玩法] 小朋友請以色鉛筆在右方遊戲區的圖上,畫出和左方題目區一樣的圖。

遊戲的難易度: ★ ★ ★

題目區

遊戲區

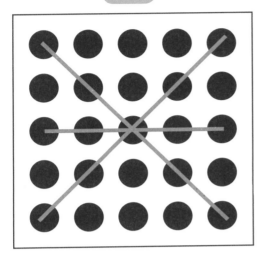
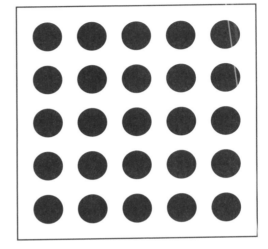

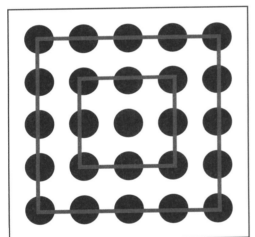
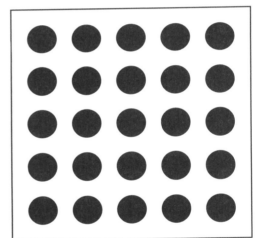

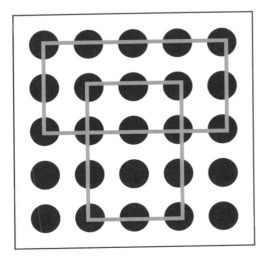
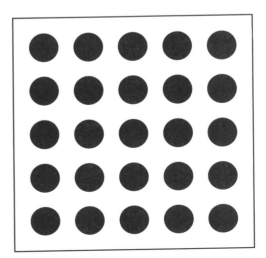

[專注力小叮嚀] 看清楚哪一條線是連到哪一個地方喔!

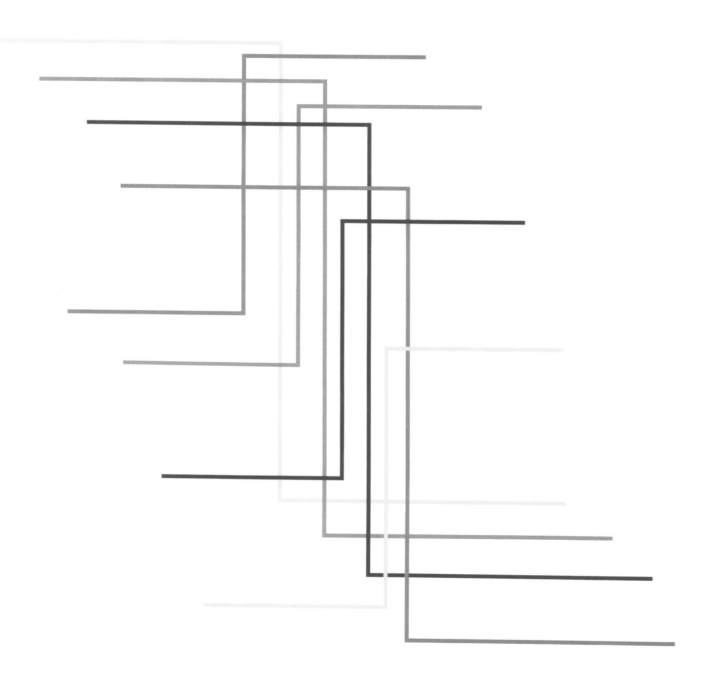

[專注力小叮嚀]看清楚，不要走錯了喔！

[遊戲的目的]提升選擇性注意力,並且大腦可以不斷地處理訊息。

[遊戲的玩法]小朋友請使用色鉛筆沿著圖案向前畫線,遇到不同的圖案時要轉彎。請見下方的舉例說明。

遊戲的難易度: ★ ★ ★

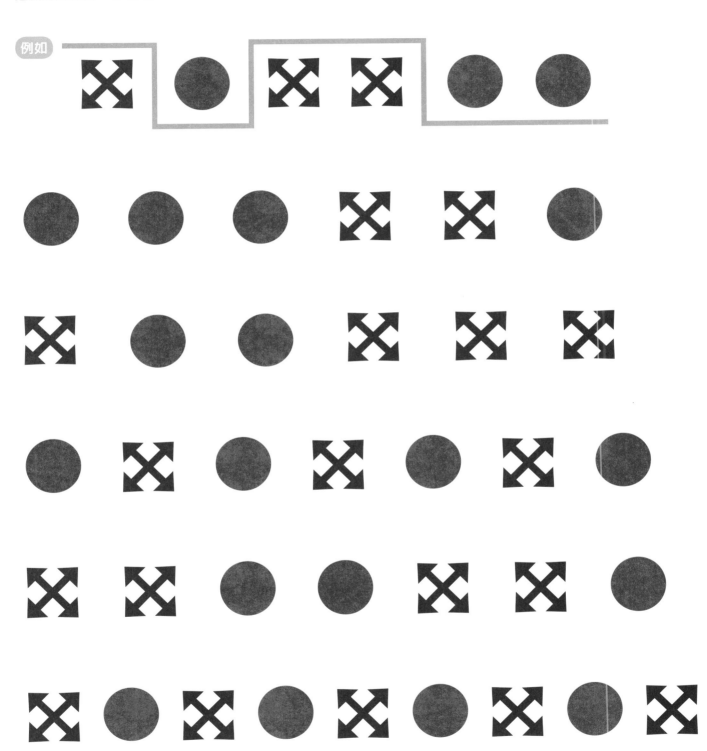

[專注力小叮嚀]眼睛要看,手要動,要記得轉彎喔!

[遊戲的目的] 提升選擇性注意力，並且大腦可以不斷地處理訊息。

[遊戲的玩法] 小朋友請以色鉛筆在右方遊戲區的圖上，畫出和左方題目區一樣的圖。

遊戲的難易度：★★★★

題目區

遊戲區

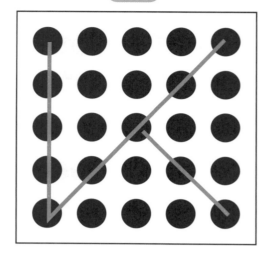

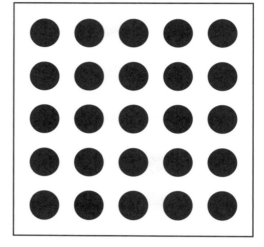

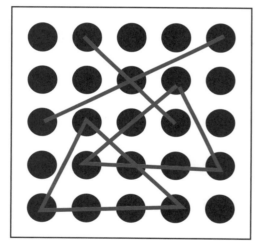

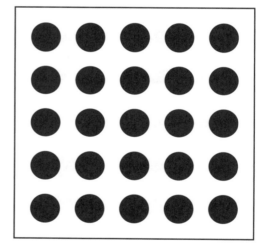

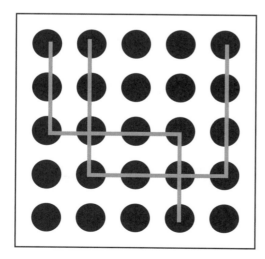

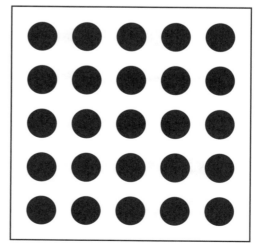

[專注力小叮嚀] 看清楚哪一條線是連到哪一個地方喔！

[遊戲的目的] 提升選擇性注意力，並且大腦可以不斷地處理訊息。

[遊戲的玩法] 小朋友請先看看上方題目區的圖形，然後從下方遊戲區的圖形中找到圖形組合後的圖！

遊戲的難易度： ★ ★ ★ ★

題目區

 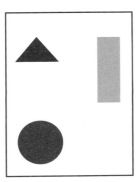   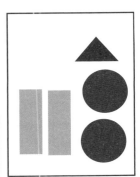

遊戲區

   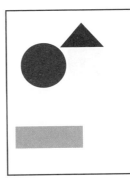 

[專注力小叮嚀] 動動腦筋想一下會變成什麼樣子喔！

[遊戲的目的] 提升選擇性注意力，並且大腦可以不斷地處理訊息。

[遊戲的玩法] 小朋友請將手指伸出來，並且把每一條線用手指走過喔！

遊戲的難易度：★ ★ ★ ★

[專注力小叮嚀] 看清楚，不要走錯了喔！

[遊戲的目的]提升選擇性注意力，並且大腦可以不斷地處理訊息。

[遊戲的玩法]小朋友請先看看上方題目區的圖形，然後從下方遊戲區的圖形中找到圖形組合後的圖！

遊戲的難易度：★ ★ ★ ★

題目區

  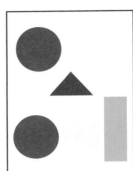  

遊戲區

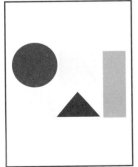    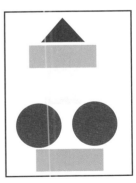

[專注力小叮嚀]動動腦筋想一下會變成什麼樣子喔！

[遊戲的目的] 提升選擇性注意力，並且能將訊息在大腦中做適當的處理與轉換！

[遊戲的玩法] 小朋友，每一個英文字母在書寫時，都會有一定的位子。請依照小寫字母書寫時的位子，念出相應的位置；例如：若字母的位子在書寫時，是寫在格子的上一格，念「高」；若字母的位子在書寫時是寫在中間的格子，念「短」；寫在在下面一格的位子，則念「長」。

遊戲的難易度：★ ★ ★ ★ ★

例如 t o d a y ，依序分別念「高、矮、高、矮、長」。

① many

② yard

③ short

④ story

⑤ star

⑥ wind

⑦ horny

⑧ flourish

⑨ get

⑩ international

⑪ juice

⑫ broken

⑬ king

⑭ crazy

⑮ license

⑯ elephant

⑰ money

⑱ queen

⑲ noisy

⑳ pleasant

㉑ rabbit

㉒ glory

㉓ turkey

㉔ pizza

㉕ umbrella

㉖ yoyo

㉗ window

㉘ orange

㉙ zero

㉚ yellow

[專注力小叮嚀] 小朋友若不知道怎麼寫，爸爸媽媽可以幫孩子將英文字母的格子畫出來，幫助孩子更容易看懂喔！

遊戲單元

遊戲的目的

提升分配性注意力，並且幫助大腦可以同時有效地處理多種的訊息，讓大腦的運作更具有效率，幫助孩子提升處理複雜作業的能力。

對小朋友的助益

提升分配性注意力，幫助大腦能夠同時處理多種的訊息、做出反應，並且將這些訊息內化為計畫及組織能力的發展，未來在高階認知技巧及複雜作業的學習，能夠更為輕鬆的進行。

運用到的專注力技巧

- 分配性注意力
- 選擇性注意力
- 持續性注意力

ㄇ ㄢ ㄤ ㄒ ㄍ ㄅ ㄣ

ㄞ ㄑ ㄨ ㄐ ㄋ ㄨ ㄦ

ㄡ ㄠ ㄛ ㄕ ㄩ ㄌ ㄈ

ㄚ ㄊ ㄜ ㄘ ㄔ ㄎ ㄆ

ㄠ ㄝ ㄓ ㄏ ㄥ ㄢ ㄎ

ㄅ ㄜ ㄙ ㄐ ㄤ ㄢ ㄚ

ㄕ ㄌ ㄖ ㄧ ㄨ ㄇ ㄣ

ㄝ ㄒ ㄛ ㄋ ㄤ ㄈ ㄥ

[專注力小叮嚀] 動動嘴也動動身體喔，這樣大腦會越來越厲害喔！速度要愈來愈快喔！

[遊戲的目的] 分配性專注力，幫助大腦可以有效同時處理許多的訊息！

[遊戲的玩法] 每一組包含 X 左右兩邊的兩個圈圈，由上而下，依「左」、「右」的順序，分別將每一組左方或右方的圈圈打勾或做記號。例如：第一組圈左方的圈圈，則第二組圈右方的圈圈！

遊戲的難易度：★ ★

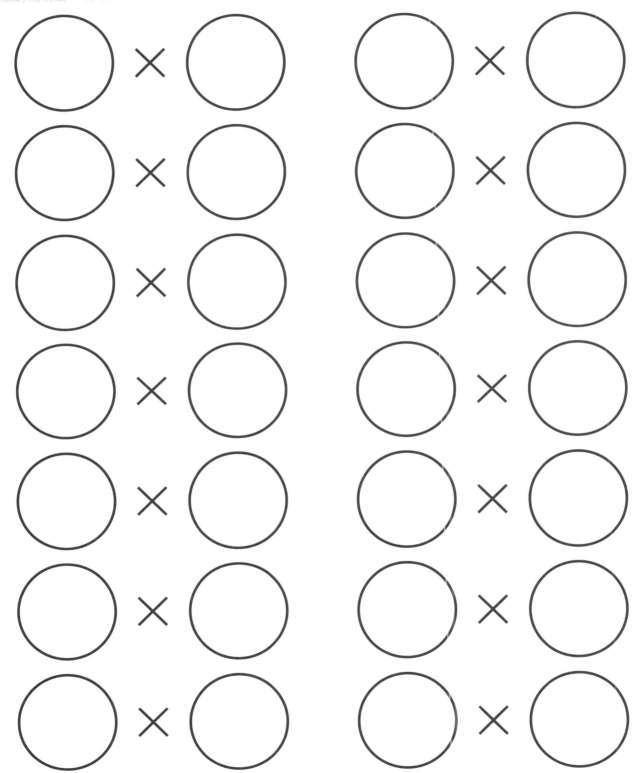

[專注力小叮嚀] 左右不要搞混，做記號的順序也不要弄錯了喔！

[遊戲的目的] 分配性專注力，幫助大腦可以有效同時處理許多的訊息！

[遊戲的玩法] 小朋友請將每個圖形等號的另外一邊，填上任意一個數字後，將每一個圖形代表的數字背下來。然後在不看上面題目的情況下，一一將下方的答案填出來。

遊戲的難易度：★★

題目區

● = _____   ▲ = _____

■ = _____   ◆ = _____

遊戲區

● ■ = _____

■ ◆ = _____

◆ ● = _____

■ ▲ = _____

▲ ● = _____

◆ ■ = _____

[專注力小叮嚀] 記清楚了，再寫喔！

[遊戲的目的] 提升分配性專注力，幫助大腦可以同時有效處理多種的訊息。

[遊戲的玩法] 小朋友，請由上而下、由左而右，用色鉛筆依黃色——綠色——黃色——綠色的順序依序圈出小老虎。

遊戲的難易度：★ ★

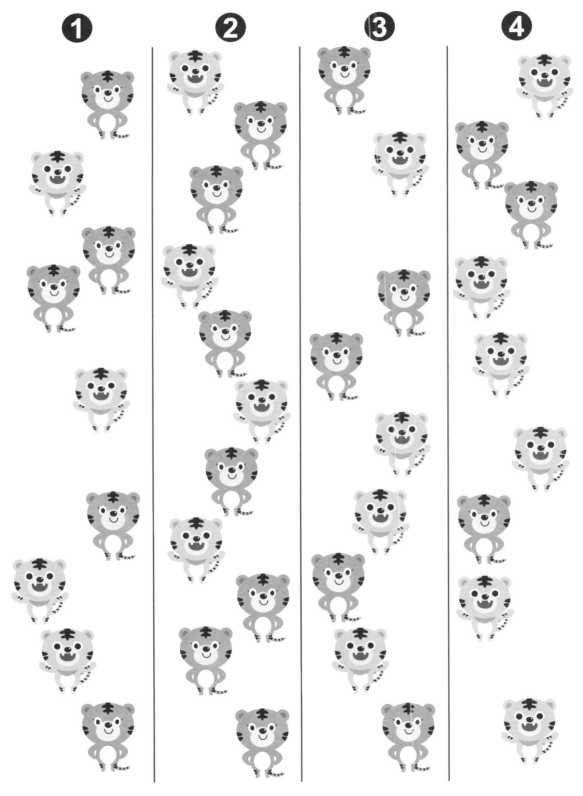

❶　❷　❸　❹

[專注力小叮嚀] 一個接著一個，有點眼花撩亂，不要漏了喔！

[遊戲的目的] 提升分配性專注力，幫助大腦可以同時有效處理多種的訊息。

[遊戲的玩法] 小朋友，請數一數，下面的圖形內，有幾個圓形、幾個三角形、幾個四邊形呢？

遊戲的難易度：★ ★ ★

答：＿＿ 個圓形；＿＿ 個三角形；＿＿ 個四邊形

 [專注力小叮嚀] 要看清楚喔，每一個出現的圖形都要數到喔！

[遊戲的目的] 提升分配性專注力，幫助大腦可以同時有效處理多種的訊息。

[遊戲的玩法] 小朋友，請依圓形、正方形和三角形的順序，用色鉛筆依序將圖形圈起來。但是，須一次從左方細線條的圖形找出要圈的形狀，一次則從右方粗線條的圖形找出要圈的形狀，以此方式輪流找出。

遊戲的難易度：★ ★ ★

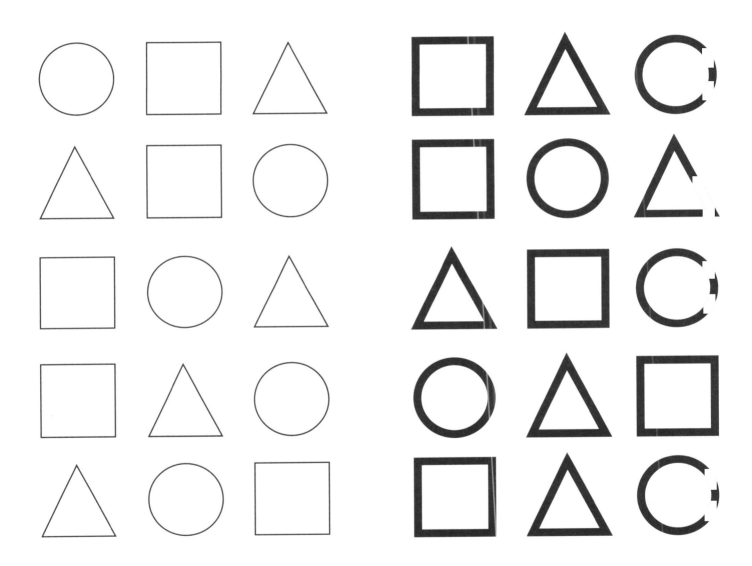

[專注力小叮嚀] 除了要注意每一種的訊息之外，眼睛也要仔細看，不要看錯位子了！

[遊戲的目的] 分配性專注力，幫助大腦可以有效同時處理許多的訊息！

[遊戲的玩法] 從每一行最前面開始，看著磚塊的大小，由大至小排序並分別念出數字1至4。

遊戲的難易度：★ ★ ★

[專注力小叮嚀] 每一個磚塊的大小不同，應該念的數字也不同喔！

[遊戲的目的] 分配性專注力，幫助大腦可以有效同時處理許多的訊息！

[遊戲的玩法] 下面每一組的圖形中，都包含一條直線、圓形或三角形。小朋友請依序從每一組的圖形中，輪流圈出圓形和三角形。例如：第一組圈圓形，第二組則圈出三角形。當要圈的圖形沒有出現在某一組的圖形中時，則往下一組的圖形尋找並圈出答案。

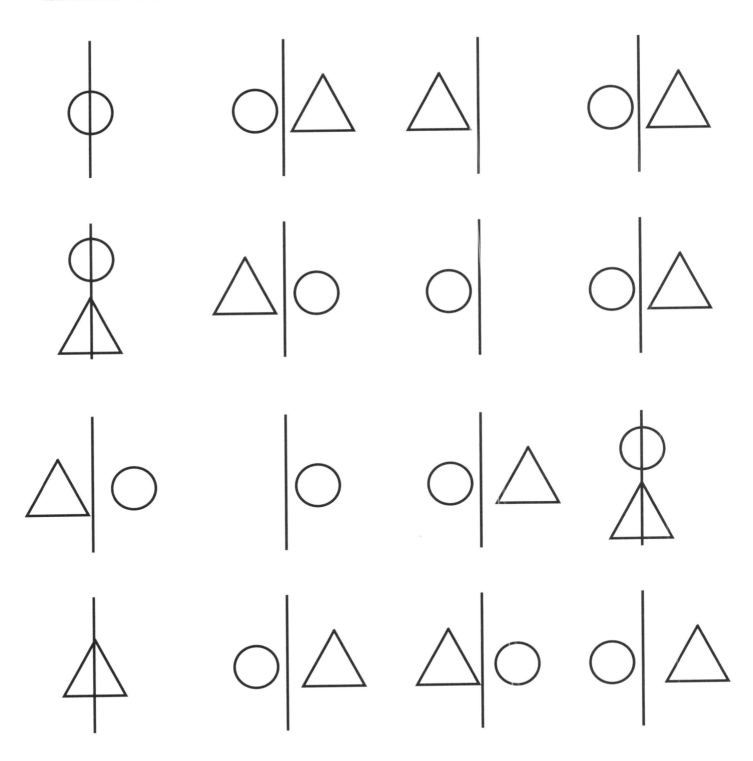

[專注力小叮嚀] 要記得自己要圈的圖形是什麼喔！

[遊戲的目的] 提升分配性專注力，幫助大腦可以同時有效處理多種的訊息。

[遊戲的玩法] 小朋友，請用色鉛筆依照由左到右、上至下的順序，交替輪流圈出 2 個和 4 個豆豆的圖形。

遊戲的難易度：★★★

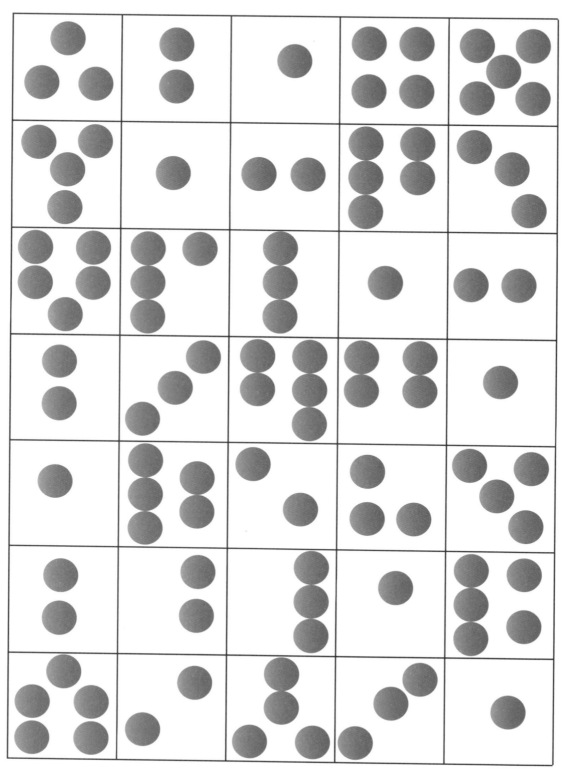

[專注力小叮嚀] 數豆豆要專心，不要數錯或者漏了！

[遊戲的目的] 提升分配性專注力，幫助大腦可以有效同時處理許多的訊息！

[遊戲的玩法] 小朋友請看看上方題目區的六個圖形，藏在下面遊戲區的哪一個圖案中呢？請用色鉛筆將圖案圈起來！

遊戲的難易度：★ ★ ★

題目區

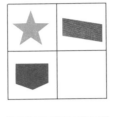
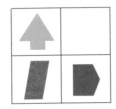
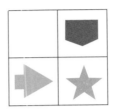
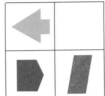
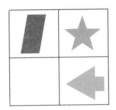
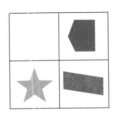

遊戲區

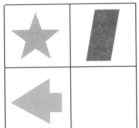
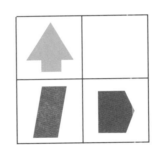
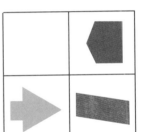

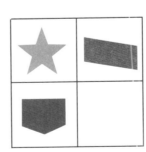
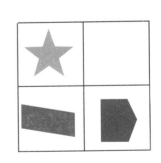

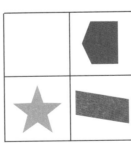
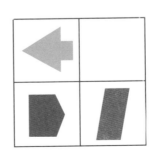

 [專注力小叮嚀] 每一個圖形之間彼此的位子都要注意到喔！

121

[遊戲的目的]分配性專注力，幫助大腦可以有效同時處理許多的訊息！

[遊戲的玩法]小朋友請將上面紅色的鑲嵌板剪下來，看要怎麼擺放到下面的圖形裡，才不會蓋住圖形裡的每一個圖案呢？

(最後附錄附有可以剪下紅色的鑲嵌板，請配合使用 P.149)

遊戲的難易度：★ ★ ★

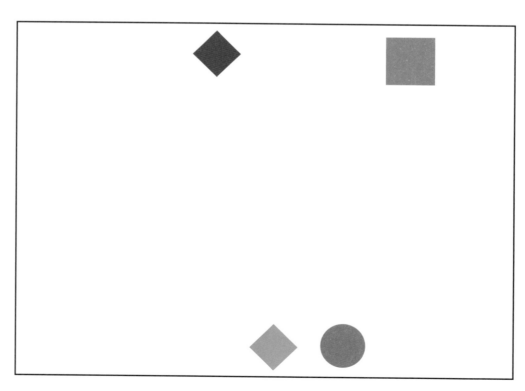

[專注力小叮嚀]動動手，多想想不同的方法來解決問題喔！

[遊戲的目的] 分配性專注力，幫助大腦可以有效同時處理許多的訊息！

[遊戲的玩法] 請爸爸媽媽先同時任意指出兩個圖形，共指出 1-3 組，指完之後，請小朋友依序指出 1-3 組圖形來喔！
(例：1、4；1、2；3、2)

遊戲的難易度： ★ ★ ★

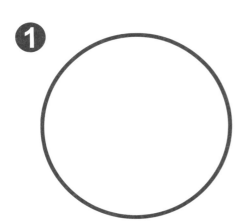

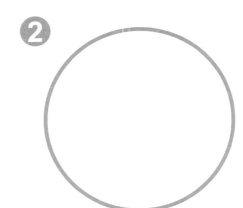

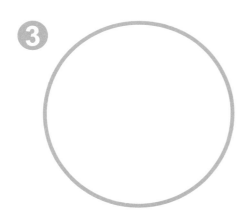

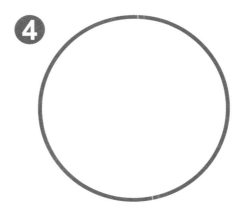

[專注力小叮嚀] 要把每一次出現的兩個圖形都記住喔！

[遊 戲 的 目 的] 分配性專注力,能夠同時注意顏色以及顏色所代表的涵義。

[遊 戲 的 玩 法] 小朋友請先記住題目區不同顏色珠珠所代表的方向,然後看著下方遊戲區珠珠的顏色,念出不同方向的名稱。

遊戲的難易度: ★ ★ ★ ★

題目區

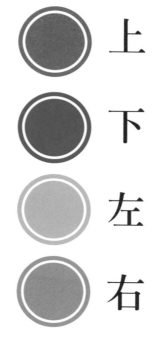

上

下

左

右

遊戲區

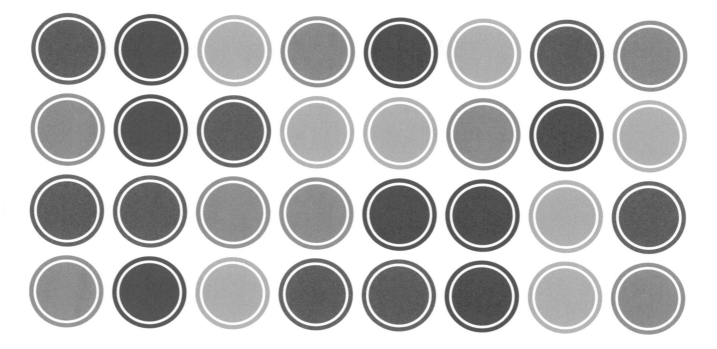

[專注力小叮嚀] 要仔細想好喔,不要念錯了!

[遊戲的目的] 提升分配性專注力，幫助大腦可以同時有效處理多種的訊息。

[遊戲的玩法] 小朋友，請用色鉛筆分別圈出 8 個星星、8 個三角形、8 個圓形及 8 個正方形。請注意，圈圖形時，前一個圖形和後一個圖形的顏色不能相同，但是，圖形間的顏色可以重複。

遊戲的難易度：★ ★ ★ ★

[專注力小叮嚀] 要記清楚剛剛圈的顏色是哪一個喔！

[遊戲的目的] 分配性專注力，幫助大腦可以有效同時處理許多的訊息！

[遊戲的玩法] 小朋友請將上面紅色的鑲嵌板剪下來，看要怎麼擺放到下面的圖形裡，才不會蓋住圖形裡的每一個圖案呢？

（最後附錄附有可以剪下紅色的鑲嵌板，請配合使用 P.149）

遊戲的難易度：★ ★ ★ ★

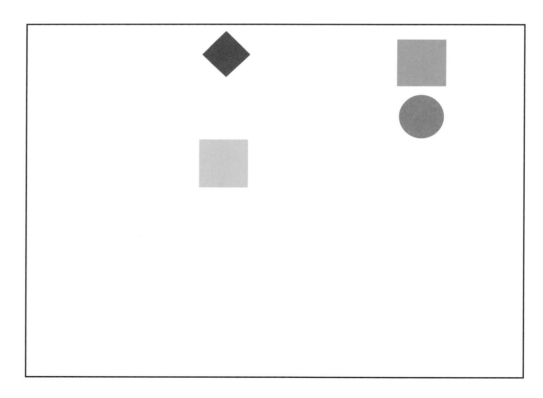

[專注力小叮嚀] 動動手，多想想不同的方法來解決問題喔！

[遊戲的目的] 分配性專注力，幫助大腦可以有效同時處理許多的訊息！

[遊戲的玩法] 小朋友請將上面紅色的鑲嵌板剪下來，看要怎麼擺放到下面的圖形裡，才不會蓋住圖形裡的每一個圖案呢？

（最後附錄附有可以剪下紅色的鑲嵌板，請配合使用 P.151）

遊戲的難易度： ★ ★ ★ ★

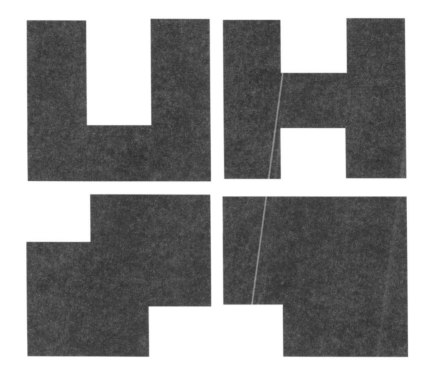

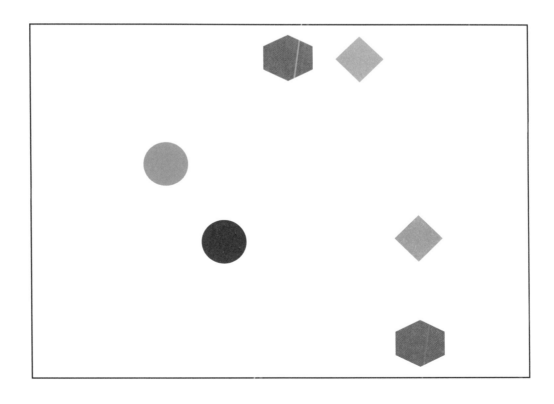

 [專注力小叮嚀] 動動手，多想想不同的方法來解決問題喔！

127

[遊戲的目的] 分配性專注力，幫助大腦可以有效同時處理許多的訊息！

[遊戲的玩法] 小朋友請將上面紅色的鑲嵌板剪下來，看要怎麼擺放到下面的圖形裡，才不會蓋住圖形裡的每一個圖案呢？

（最後附錄附有可以剪下紅色的鑲嵌板，請配合使用 P.151）

遊戲的難易度：★ ★ ★ ★ ★

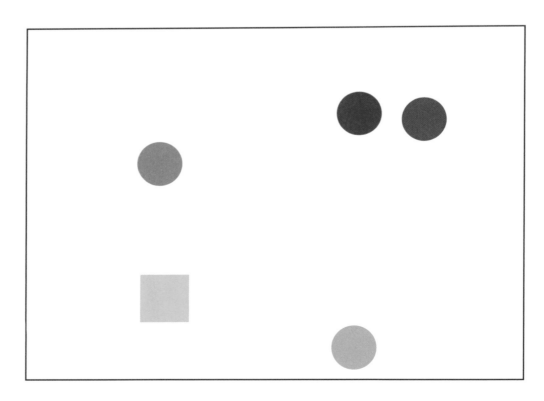

[專注力小叮嚀] 動動手，多想想不同的方法來解決問題喔！

[遊戲的目的] 分配性專注力，幫助大腦可以有效同時處理許多的訊息！

[遊戲的玩法] 小朋友請將每個圖形等號的另外一邊，填上任意一個數字後，將每一個圖形代表的數字背下來。然後在不看上面題目的情況下，一一將下方的答案填出來。

遊戲的難易度：★ ★ ★

題目區

● = ＿＿＿＿＿　　　▲ = ＿＿＿＿＿

■ = ＿＿＿＿＿　　　◆ = ＿＿＿＿＿

遊戲區

  ● ■ ▲ ◆ = ＿＿＿＿＿＿＿＿

■ ▲ ● = ＿＿＿＿＿＿＿＿

◆ ▲ ■ = ＿＿＿＿＿＿＿＿

● ◆ ■ = ＿＿＿＿＿＿＿＿

▲ ● ◆ ■ = ＿＿＿＿＿＿＿＿

◆ ■ ● ▲ = ＿＿＿＿＿＿＿＿

[專注力小叮嚀] 記清楚了，再寫喔！

[遊戲的目的] 分配性專注力,幫助大腦可以有效同時處理許多的訊息!

[遊戲的玩法] 小朋友請將每個圖形等號的另外一邊,填上任意一個數字後,將每一個圖形代表的數字背下來。然後在不看上面題目的情況下,一一將下方的答案填出來。

遊戲的難易度: ★ ★ ★ ★

題目區

● = ＿＿＿＿＿＿   ▲ = ＿＿＿＿＿＿

■ = ＿＿＿＿＿＿   ◆ = ＿＿＿＿＿＿

遊戲區

●■■▲◆▲■ =

＿＿＿＿＿＿＿＿＿＿＿＿＿

■▲●◆■● =

＿＿＿＿＿＿＿＿＿＿＿＿＿

◆▲■●◆■ =

＿＿＿＿＿＿＿＿＿＿＿＿＿

●◆■▲▲◆ =

＿＿＿＿＿＿＿＿＿＿＿＿＿

▲●◆●■◆ =

＿＿＿＿＿＿＿＿＿＿＿＿＿

◆■●▲●■ =

＿＿＿＿＿＿＿＿＿＿＿＿＿

[專注力小叮嚀] 記清楚了,再寫喔!

4-20
聽故事與
找數字

[音檔的選擇] 請搭配聽覺遊戲教材CD中「聽故事找數字音檔」資料匣中的遊戲音檔。

[遊戲的目的] 提升分配性專注力，幫助大腦可以同時有效處理多種的訊息。

[遊戲的玩法] 小朋友，請聽聽覺遊戲教材 CD 播放出來的故事，然後回答數字____總共出現了幾次？（請家長自行決定____的數字）

遊戲的難易度：★ ★ ★ ★

[專注力小叮嚀] 不只找出數字，還要能夠說出故事內容喔！

4-21
聽故事與找數字

[音檔的選擇] 請搭配聽覺遊戲教材CD中「聽故事找數字音檔」資料匣中的遊戲音檔。

[遊戲的目的] 提升分配性專注力，幫助大腦可以同時有效處理多種的訊息。

[遊戲的玩法] 小朋友，請聽聽覺遊戲教材 CD 播放出來的故事，然後回答數字 1 總共出現了幾次？

遊戲的難易度：★ ★ ★ ★

[專注力小叮嚀] 不只找出數字，還要能夠說出故事內容喔！

4-22

**聽故事
找小獅子**

[音檔的選擇] 請搭配聽覺遊戲教材CD中「聽故事找數字音檔」資料匣中的遊戲音檔。

[遊戲的目的] 提升分配性專注力，幫助大腦可以同時有效處理多種的訊息。

[遊戲的玩法] 小朋友，請聽聽覺遊戲教材 CD 播放出來的故事，然後回答小獅子總共出現了幾次？

遊戲的難易度：★ ★ ★ ★

 [專注力小叮嚀] 不只找出小獅子，還要能夠說出故事內容喔！

4-23
聽故事
找小獅子

[音檔的選擇] 請搭配聽覺遊戲教材CD中「聽故事找數字音檔」資料匣中的遊戲音檔。

[遊戲的目的] 提升分配性專注力,幫助大腦可以同時有效處理多種的訊息。

[遊戲的玩法] 小朋友,請聽聽覺遊戲教材 CD 播放出來的故事,然後回答小獅子總共出現了幾次?並且回答剛才牠在做什麼?

遊戲的難易度: ★ ★ ★ ★

_____

_____

_____

_____

_____

_____

_____

[專注力小叮嚀] 不只找出小獅子,還要能夠說出故事內容喔!

[遊戲的目的] 提升分配性專注力，幫助大腦可以同時有效處理多種的訊息。

[遊戲的玩法] 小朋友，請由左至右的順序，從每個格子當中，輪流找出箭頭和五邊形，並且用色鉛筆圈出來。

遊戲的難易度：★ ★ ★ ★

[專注力小叮嚀] 每一格裡圖案有這麼多，不要漏了任何一格！

[遊戲的目的] 分配性專注力，幫助大腦可以有效同時處理許多的訊息！

[遊戲的玩法] 請爸爸媽媽先同時任意指出兩個圖形，共指出 3 至 5 組，指完之後，請小朋友依序指出來喔！
（例如：2、5；4、6；2、3；7、9）

遊戲的難易度：★★★★★

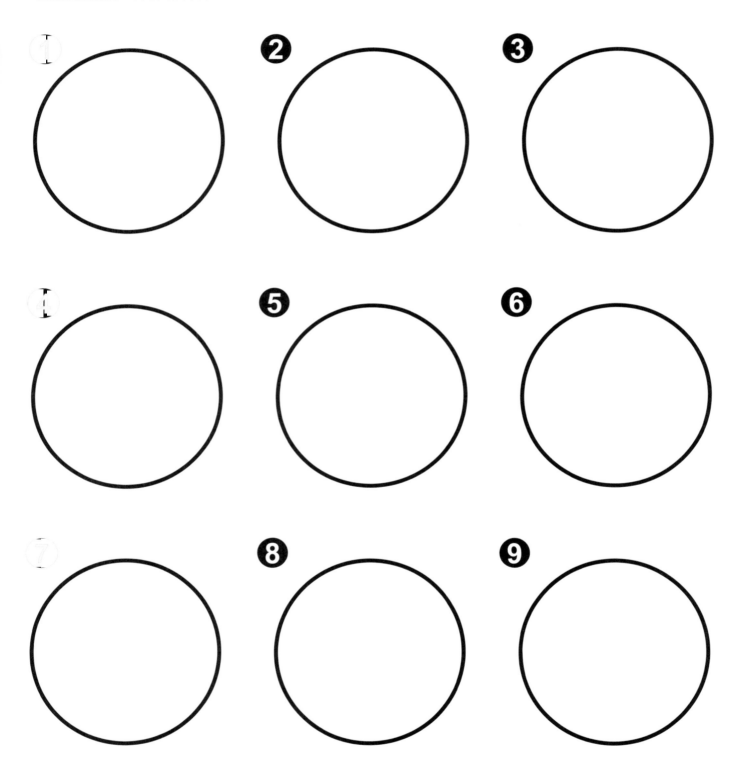

[專注力小叮嚀] 要把每一次出現的兩個圖形都記住喔！

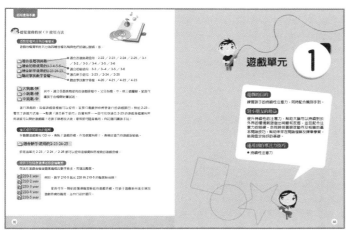

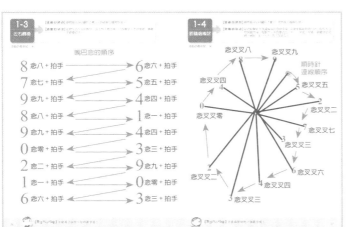

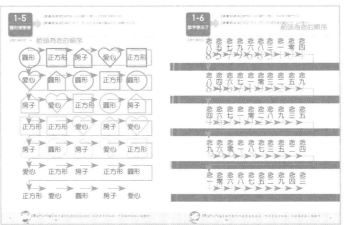

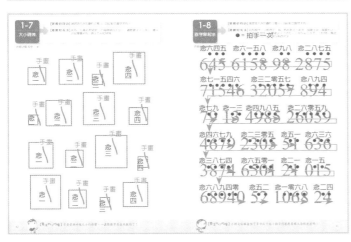

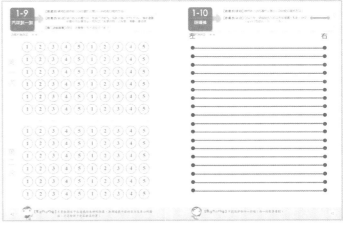

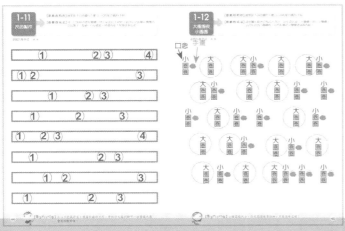

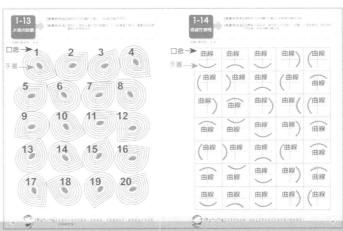

遊戲解答

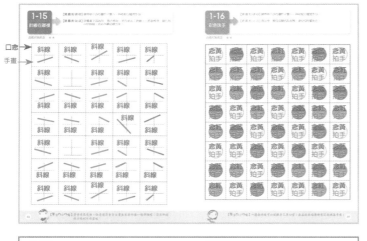

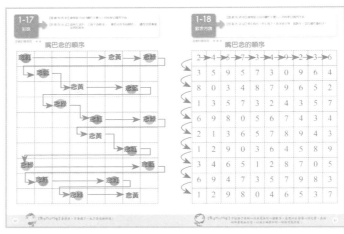

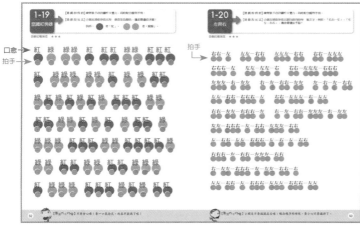

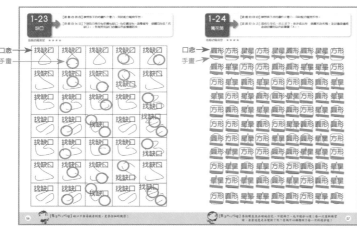

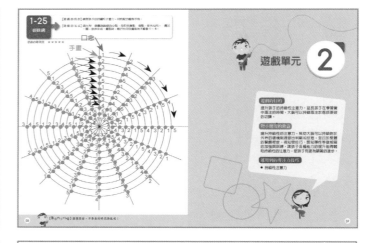

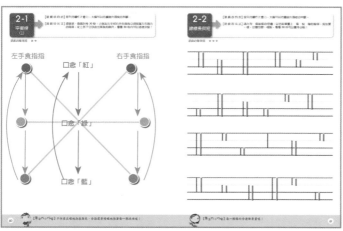

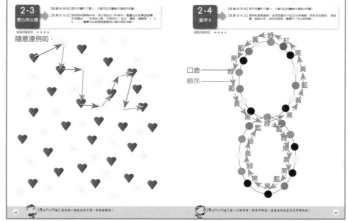

2-5 平衡得 (2)

「口念」+「手指」同時

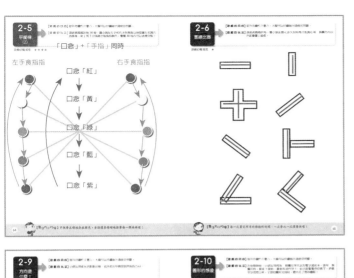

2-6 直線比賽

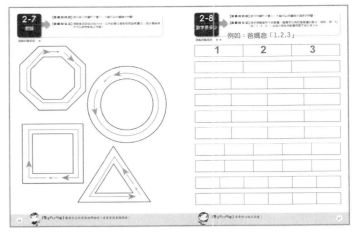

2-7 箭頭

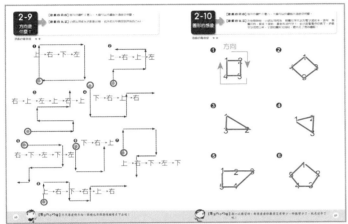

2-8 數字是多少

例如：爸媽念「1,2,3」

1	2	3

2-9 方向是什麼了

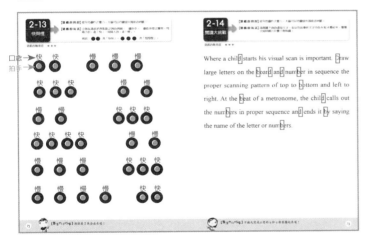

2-10 圖形的想像

2-11 箭頭的方向

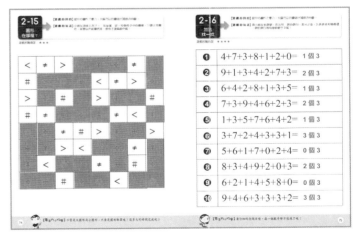

2-12 注音符號排排站

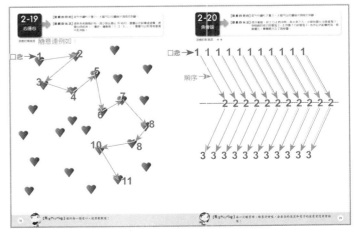

口念順序
1 ㄅ ㄉ ㄓ ㄚ ㄞ ㄢ ㄦ 休息 10 秒
2 ㄆ ㄊ ㄍ ㄐ ㄓ ㄧ ㄛ ㄟ ㄣ ㄇ 休息 10 秒
3 ㄎ ㄑ ㄕ ㄨ ㄜ ㄤ ㄈ ㄌ ㄏ 休息 10 秒
4 ㄝ ㄡ ㄥ ㄦ ㄤ ㄌ ㄋ ㄙ ㄚ ㄜ ㄙ ㄝ ㄨ ㄩ 休息 10 秒
5 ㄙ ㄓ ㄔ ㄕ ㄖ ㄑ ㄍ 休息 10 秒
6 ㄨ ㄎ ㄑ ㄖ ㄛ ㄌ ㄟ ㄟ ㄞ ㄐ ㄝ ㄤ ㄣ 休息 10 秒
7 ㄥ ㄙ ㄜ ㄩ ㄇ 休息 10 秒
8 ㄗ ㄖ ㄓ ㄨ ㄘ ㄇ 休息 10 秒

2-13 快與慢

口念 快 / 慢

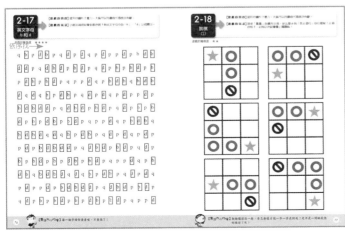

2-14 閱讀大挑戰

Where a child starts his visual scan is important. Draw large letters on the board and number in sequence the proper scanning pattern of top to bottom and left to right. At the beat of a metronome, the child calls out the numbers in proper sequence and ends it by saying the name of the letter or numbers.

2-15 圖形在哪裡

<	≠	>				
≠			<	≠	>	
>		≠	>		#	
#	≠					≠
		≠	≠			
				≠		#
<	≠					
	#			<		

2-16 加起來找找

❶	4+7+3+8+1+2+0=	1 個 3
❷	9+1+3+4+2+7+3=	2 個 3
❸	6+4+2+8+1+3+5=	1 個 3
❹	7+3+9+4+6+2+3=	2 個 3
❺	1+3+5+7+6+4+2=	1 個 3
❻	3+7+2+4+3+3+1=	3 個 3
❼	5+6+1+7+0+2+4=	0 個 3
❽	8+3+4+9+2+0+3=	2 個 3
❾	6+2+1+4+5+8+0=	0 個 3
❿	9+4+6+3+3+3+2=	3 個 3

2-17 英文字母 b 和 d

依照順序

2-18 旗棋 (1)

2-19 心連心

隨意連例如

2-20 舉牌囉

口念 → 1 1 1 1 1 1 1 1 1 1 1
順序 → 2 2 2 2 2 2 2 2 2 2 2
3 3 3 3 3 3 3 3 3 3 3

遊 戲 解 答

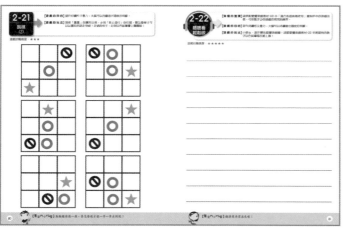

適合各題項挑戰 一【小挑戰－慢】

1510-1: 5673941128
1510-2: 1814917311
1510-3: 5609409692
1510-4: 7058079915
1510-5: 2215602706
1520-1: 43367857894419102231
1520-2: 27169254247263737812
1520-3: 21120702467938472774
1520-4: 30441188173411905951
1520-5: 23066898801917916718
1530-1: 820623818313152908732090632427
1530-2: 487629243298959785491898682999
1530-3: 048092542266453304195793658904
1530-4: 634415986723222434428880335533
1530-5: 454853193841746146022357585407

適合新手使用的 2-23-24-25

210-1: 5920339854
210-2: 3386347023
210-3: 1663097338
210-4: 5484618396
210-5: 8700043997
215-1: 067468389455469
215-2: 944026405546635
215-3: 574678637789340
215-4: 223009897065191
215-5: 274487089021723

220-1: 60652235256875035455
220-2: 15962134088173469669
220-3: 91182932876617211920
220-4: 89546504143976693032
220-5: 80522199024935095716
225-1: 8913368512805927322551389
225-2: 3626636973991952467443332
225-3: 6356075349069592185282362
225-4: 1253502849002663579465382
225-5: 2481339848509898845818298

適合各題項挑戰 一【中挑戰－中】

12520-1: 45066898310469634375
12520-2: 29026644635491508612
12520-3: 92146341719898644700
12520-4: 35296554354814698652
12520-5: 13644650416060839171
12530-1: 945226936923068604318841100637
12530-2: 778580651921919838987108919312
12530-3: 620914548805239792237174967067
12530-4: 034939100428018286922617445694
12530-5: 748177130958280915578104531649

230-1: 353266860254706028702680580891
230-2: 428208567264854404989949666368
230-3: 606982550745053873617691248963
230-4: 229956796185313389579275001474
230-5: 469742519707642227885948304495

遊戲單元 ③

電腦的目的

（內文細節）

對小朋友的助益

（內文細節）

運用何種專心力技巧

● 選擇性注意力
● 持續性注意力

適合各題項挑戰 一【大挑戰－快】

120-1: 70717074166827908859
120-2: 95029321639684515463
120-3: 91885788174168119513
120-4: 85786998174411087262
120-5: 53989890231033533915
130-1: 896330957247898569980958640866
130-2: 470136655883298323597403583878
130-3: 919087776190409665031736906764
130-4: 278697411065739699382773717217
130-5: 091181171224496609620747250497
130-6: 910396454585171672870085873538 3
145-1: 1071683385318686270832231989714243 81741956452
145-2: 0300088172984979466107487986137 76105796360709
145-3: 2343919741392319204512291149350 03846421279197
145-4: 6465330257005286039135485508271 02156830197804
145-5: 5903575284007083297607361763715 63495046967474

適合初級使用的 3-3-4-5-6

210-1: 5920339854
210-2: 3386347023
210-3: 1663097338
210-4: 5484618396
210-5: 8700043997
215-1: 067468389455469
215-2: 944026405546635
215-3: 574678637789340
215-4: 223009897065191
215-5: 274487089021723

220-1: 60652235256875035455
220-2: 15962134088173469669
220-3: 91182932876617211920
220-4: 89546504143976693032
220-5: 80522199024935095716

3-5 聽覓遊戲

3-6 聽覓遊戲

3-7 7和9
讀和拍手

拍手兩下

86□10324□87246
018□2□6014□350
15824□□3□50□□6
43820□□75□4816
2□06482□□3015□
12864□0860147□

3-8 大與小
大小表示

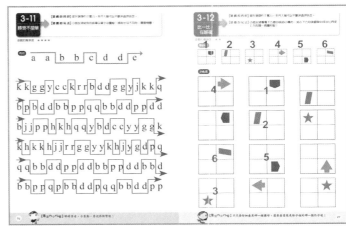

1	大	大	小	小	大	小	大	小	小
2	大	小	大	小	大	大	小	大	大
3	小	大	小	大	小	大	大	大	小
4	大	小	大	大	小	大	小	大	小
5	大	大	小	小	大	小	小	大	大
6	小	大	大	小	大	小	大	小	小
7	大	大	小	大	小	小	大	小	大
8	小	大	小	大	大	小	小	大	大
9	小	小	大	小	大	大	小	大	小
10	大	小	大	大	小	大	小	大	小

3-9 大小小
大小小順序

1	小	小	大	小	小	大	大	小	大
2	大	小	小	小	大	小	大	大	大
3	小	大	大	大	小	大	小	大	小
4	大	小	小	小	大	小	大	小	小
5	大	小	小	大	大	小	大	小	大
6	小	小	大	大	大	小	小	大	小
7	大	小	大	小	小	大	大	小	大
8	小	大	小	大	小	大	小	大	大
9	大	小	大	大	小	小	大	小	大
10	小	大	大	小	小	大	小	大	小

3-10 遊「反」了

1 正方形—右邊　圓形—左邊
2 圓形—右邊　正方形—左邊
3 正方形—左邊
4 圓形—右邊
5 圓形—中間
6 正方形—右邊　圓形—左邊
7 正方形—右邊
8 正方形—圓形—左邊
9 圓形—正方形—中間
10 圓形—左邊
11 圓形—正方形—右邊
12 正方形—中間　圓形—左邊
13 圓形—中間　正方形—左邊
14 正方形—正方形—右邊
15 圓形—右邊　正方形—左邊
16 正方形—右邊

3-11 轉變不間斷

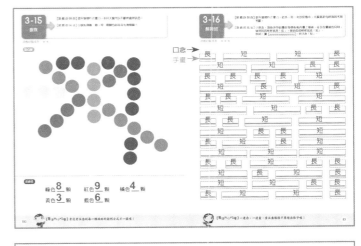

a a b b c d d e

kkggyccckrrbddggyjkkq
bpbddbdbppqqbbddppdd
bjjpphkhqqyyccyygg k
khkkhjjrrggyykhjygdpq
qqkbbddpdddbbddbddbd
bbppqpbbddddppqqbbddpp

3-12 比一比　在哪端

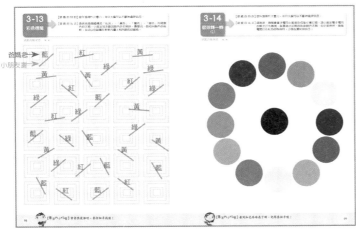

3-13 彩色應援
爸媽念　小朋友畫

3-14 猜猜轉一轉 (1)

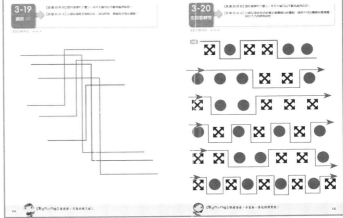

3-15 串珠

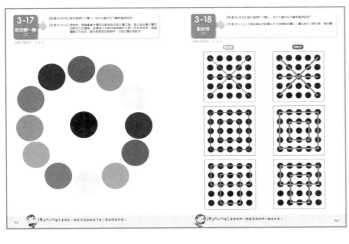

綠色 **8** 顆　紅色 **9** 顆　橘色 **4** 顆
黃色 **3** 顆　藍色 **6** 顆

3-16 節奏斑

口念→
手畫→

長　短　短　短　長
短　長　長　長　短
長　長　長　短　長
短　長　短　短
長　長　短　短　長
短　長　長　短
短　短　長　長　短
長　短
長　長　短

3-17 猜猜轉一轉 (2)

3-18 點狀板 (1)

3-19 編織 (1)

3-20 走路要轉彎

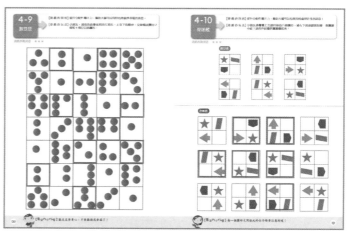

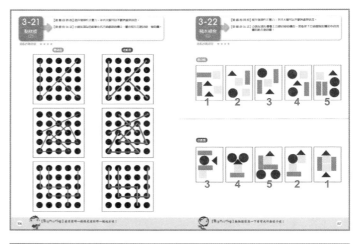

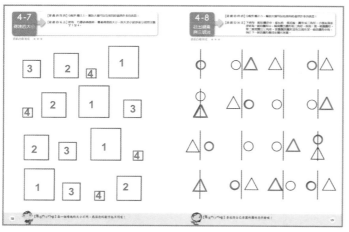

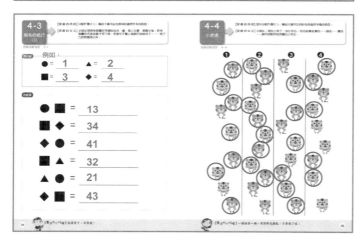

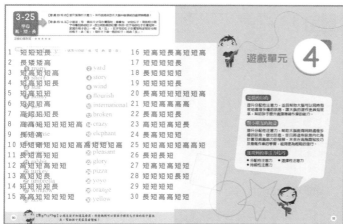

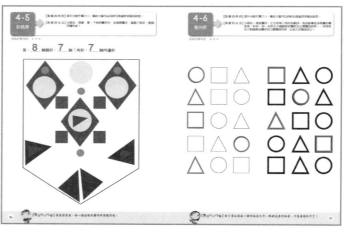

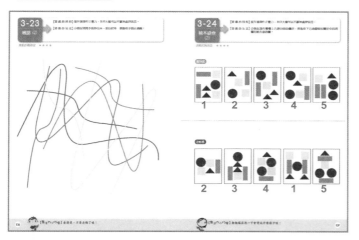

遊戲解答

3-23 塗鴉 (2)

3-24 積木遊戲 (2)

1　2　3　4　5

2　3　4　1　5

3-21 點點迷宮 (1)

3-22 積木補齊 (1)

1　2　3　4　5

3　4　5　2　1

3-25 字形 高·短·長

1 短短短短		16 短高短長高短短高
2 長矮矮高	⑭ yard	17 短短短短長
3 短短短短高	⑮ story	18 長高短短短
4 短高短短高	⑯ wind	19 短高短高短
5 短高短短高	⑰ flourish	20 長高短短短短短
6 短短短高	⑱ international	21 短短高高短高
7 高短短短長	⑲ broken	22 長短短短長
8 高高短短短短高	⑳ crazy	23 短高短短短
9 長短短	㉑ elephant	24 短高短高
10 短短短短短短高高短短短	㉒ pleasant	25 短短短短短高高短短短
11 短短高短短	㉓ glory	26 高短短短
12 高短短短短	㉔ pizza	27 短短短短短
13 高短短高	㉕ yoyo	28 短短短短長短
14 短短短短長	㉖ orange	29 短短短短
15 高高短短短短短	㉗ yellow	30 長高高短短短

遊戲單元 **④**

提升分配性注意力，並且幫助大腦可以同時有效地處理多種的訊息，讓大腦的運作更具備效率，幫助孩子提升適應環境的學習能力。

遊戲的目的

提升分配性注意力：提升分配性注意力

● 分配性注意力　● 選擇性注意力
● 持續性注意力

4-1 原始的注音

ㄇ　ㄢ　ㄤ　ㄒ　ㄍ　ㄅ　ㄣ
ㄞ　ㄑ　ㄨ　ㄐ　ㄋ　ㄨ　ㄦ
ㄚ　ㄊ　ㄜ　ㄎ　ㄔ　ㄆ　ㄈ
ㄠ　ㄝ　ㄓ　ㄏ　ㄙ　ㄇ　ㄎ
ㄅ　ㄛ　ㄞ　ㄨ　ㄤ　ㄚ　ㄩ
ㄕ　ㄌ　ㄖ　ㄧ　ㄨ　ㄇ　ㄩ
ㄝ　ㄒ　ㄛ　ㄋ　ㄤ　ㄥ

4-2 原始的注音符號

4-3 彩色旗行 (1)

例如：
● = 1　▲ = 2
■ = 3　◆ = 4

● ■ =	13
■ ◆ =	34
◆ ● =	41
■ ▲ =	32
▲ ● =	21
◆ ■ =	43

4-4 小老虎

① ② ③ ④

4-5 彩色旗

共 **8** 個圓形，**7** 個三角形，**7** 個四邊形

4-6 空白處

4-7 碗的大小

3	2	1
2	4	

4　2　1　3
4　　　　　4

2　3　1　4

1　3　4　2

4-8 找出矮圈兩與三個差

4-9 數豆豆

4-10 迷宮迷藏

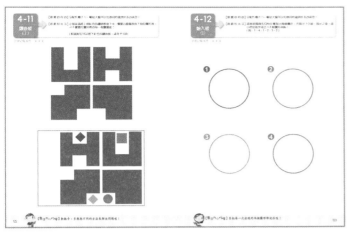

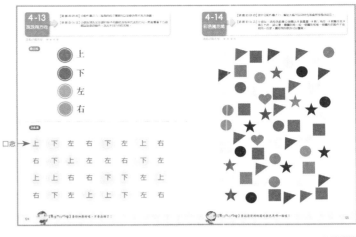

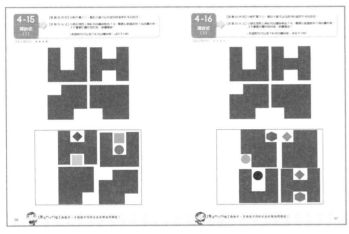

4-19 指令的執行 (3)

例如：
● = 1　▲ = 2
■ = 3　◆ = 4

●■▲◆▲■ = 132423
■▲●◆■● = 321431
◆▲■●●■ = 423143
●◆■▲▲◆ = 143224
▲●◆●■■ = 214134
◆■●▲●■ = 431213

4-20 聽故事與找數字

解答請見 P.148

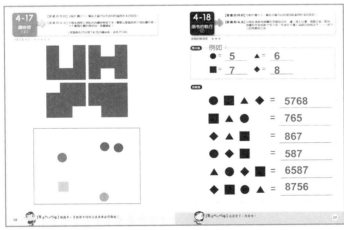

4-18 指令的執行 (2)

例如：
● = 5　▲ = 6
■ = 7　◆ = 8

●■▲◆ = 5768
■▲● = 765
◆▲■ = 867
●◆■ = 587
▲●◆■ = 6587
◆■●▲ = 8756

4-21 聽故事與找數字

解答請見 P.149

4-22 聽故事與找獅子

解答請見 P.150

4-23 聽故事與找獅子

解答請見 P.151

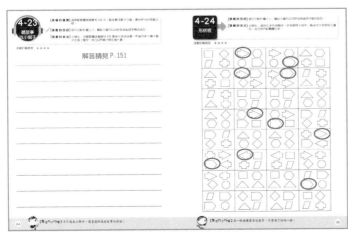

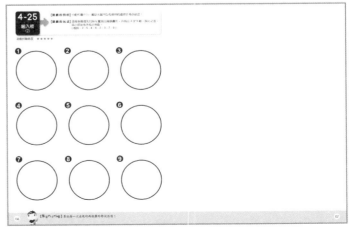

4-20
**聽故事與
找數字**

[音檔的選擇] 請搭配聽覺遊戲教材CD中「聽故事找數字音檔」資料匣中的遊戲音檔。

[遊戲的目的] 提升分配性專注力，幫助大腦可以同時有效處理多種的訊息。

[遊戲的玩法] 小朋友，請聽聽覺遊戲教材 CD 播放出來的故事，然後回答數字____總共出現了幾次？（請家長自行決定____的數字）

遊戲的難易度：★ ★ ★ ★

故事內容

有一天，媽媽和小兔子說：「今天是學校要開學的日子喔！」「我們要一起去上課喔！上課前要準備好什麼東西呢？」媽媽問小兔子。小兔子說：「要帶 1 個大書包、2 本書、3 枝筆，和 1 把尺。然後，最重要的是要帶一顆學習的心，和 1 個充滿愛心的便當喔！」

解答 例如：「數字 1」出現了幾次呢？ 4 次（包含一天喔！「一起」不算數字喔！）

[專注力小提示]

有些孩子會把「一起」的音也算進去，但因為題目是問小朋友「數字 1」出現幾次，所以答案是 4 次；如果家長把題目換成「發音是 1 的字」出現幾次，一起的一就可以算進去哦！家長要注意題目的問法喔！

提示：進階練習

在後段故事的部分，家長可以先和孩子說：「現在要請你聽『2』這個數字或是『3』這個數字」等，都可以用來做進階練習哦！

● 故事中數字 2 出現了幾次呢？ 1 次

● 故事中數字 3 出現了幾次呢？ 1 次

● 故事中數字 4 出現了幾次呢？ 0 次（考考小朋友有沒有發現沒有出現的數字呢？）

4-21
聽故事與 找數字

[音檔的選擇] 請搭配聽覺遊戲教材CD中「聽故事找數字音檔」資料匣中的遊戲音檔。

[遊戲的目的] 提升分配性專注力，幫助大腦可以同時有效處理多種的訊息。

[遊戲的玩法] 小朋友，請聽聽覺遊戲教材CD播放出來的故事，然後回答數字1總共出現了幾次？

遊戲的難易度：★ ★ ★ ★

故事內容

有一天，媽媽和小兔子說：「今天是學校要開學的日子喔！」「我們要一起去上課喔！上課前要準備好什麼東西呢？」媽媽問小兔子。小兔子說：「要帶1個大書包、2本書、3枝筆，和1把尺．然後，最重要的是要帶一顆學習的心，和1個充滿愛心的便當喔！」

解答 例如：「數字1」出現了幾次呢？5次（包含一天喔！「一起」不算數字喔！）

[專注力小提示]

有些孩子會把「一起」的音也算進去，但因為題目是問小朋友「數字1」出現幾次，所以答案是4次；如果家長把題目換成「發音是1的字」出現幾次，一起的一就可以算進去哦！家長要注意題目的問法喔！

提示：進階練習

在後段故事的部分，家長可以先和孩子說：「現在要請你聽『2』這個數字或是『3』這個數字」等，都可以用來做進階練習哦！

● 故事中數字2出現了幾次呢？1次
● 故事中數字3出現了幾次呢？0次（考考小朋友有沒有發現沒有出現的數字呢？）
● 故事中數字4出現了幾次呢？1次

4-22

聽故事
找小獅子

[音檔的選擇] 請搭配聽覺遊戲教材CD中「聽故事找數字音檔」資料匣中的遊戲音檔。

[遊戲的目的] 提升分配性專注力，幫助大腦可以同時有效處理多種的訊息。

[遊戲的玩法] 小朋友，請聽聽覺遊戲教材 CD 播放出來的故事，然後回答小獅子總共出現了幾次？

遊戲的難易度：★ ★ ★ ★

故事內容

在森林裡，小獅子是一隻聰明而且非常喜歡幫助其他動物的獅子。

有一天，小兔子走路時跌倒了，小獅子看到，就趕快上前去扶小兔子並且安慰他說：「你還好嗎？有沒有受傷啊？」小兔子很感激的和小獅子說：「謝謝小獅子，我還好，只是袋子裡的紅蘿蔔掉在地上了！」在道謝完，小兔子就和小獅子說再見離開了。

小獅子的好朋友，是一隻小灰熊，小灰熊是一隻個性好，脾氣好的懶懶熊。他喜歡慢動作的步行在森林裡，東看看西找找。有一天，小灰熊在漫步的時候，發現了一個很乾淨靠近水邊的洞穴，他覺得那可以當作幾個好朋友的祕密基地，在祕密基地裡，好朋友們可以玩玩具，吃吃喝喝，有一個大家可以在一起玩的地方。小灰熊很高興的跑去和小獅子分享這個好消息。小獅子聽到了，決定要約幾個好朋友白黑浣熊、大棕熊、黑熊寶寶與小灰熊一起去那個洞穴玩耍，並且在那裡還蓋了一個像城堡一樣的樹枝溜滑梯哦！大家在那裡都玩得好開心哦！

解答 「小獅子」出現了幾次呢？ 8 次

 [專注力小提示]

給予故事分段讓孩子練習

家長可以隨時注意孩子的注意力與理解反應，在一開始可以先練習 2 至 3 句話就暫停，請孩子回答他聽到的「小獅子」出現了幾次，然後再重頭開始，再慢慢延長到整段落或整篇哦！

4-23 聽故事 找小獅子

[音檔的選擇] 請搭配聽覺遊戲教材CD中「聽故事找數字音檔」資料匣中的遊戲音檔。

[遊戲的目的] 提升分配性專注力,幫助大腦可以同時有效處理多種的訊息。

[遊戲的玩法] 小朋友,請聽聽覺遊戲教材CD播放出來的故事,然後回答小獅子總共出現了幾次?並且回答剛才牠在做什麼?

遊戲的難易度:★ ★ ★ ★

故事內容

在森林裡,小獅子是一隻聰明而且非常喜歡幫助其他動物的獅子。

有一天,小兔子走路時跌倒了,小獅子看到,就趕快上前去扶小兔子並且安慰他說:「你還好嗎?有沒有受傷啊?」小兔子很感激的和小獅子說:「謝謝小獅子,我還好,只是袋子裡的紅蘿蔔掉在地上了!」在道謝完,小兔子就和小獅子說再見離開了。

小獅子的好朋友,是一隻小灰熊,小灰熊是一隻個性好,脾氣好的懶懶熊。他喜歡慢動作的步行在森林裡,東看看西找找。有一天,小灰熊在漫步的時候,發現了一個很乾淨靠近水邊的洞穴,他覺得那可以當作幾個好朋友的祕密基地,在祕密基地裡,好朋友們可以玩玩具,吃吃喝喝,有一個大家可以在一起玩的地方。小灰熊很高興的跑去和小獅子分享這個好消息。小獅子聽到了,決定要約幾個好朋友白黑浣熊、大棕熊、黑熊寶寶與小灰熊一起去那個洞穴玩耍,並且在那裡還蓋了一個像城堡一樣的樹枝溜滑梯哦!大家在那裡都玩得好開心哦!

解答 「小獅子」總共出現 8 次;小獅子最後蓋了樹枝溜滑梯,和大家在那裡玩!

提示:進階練習

在後段故事的部分,家長可以先和孩子說:「現在要請你聽『熊』這個字或是『小灰熊』這三個字」等,都可以用來做進階練習哦!

● 故事中熊出現了幾次?(目標任務注意)

● 故事中小灰熊出現了幾次?(目標任務注意)

● 故事中出現哪些種類的熊?(故事內容注意)

● 故事中的熊在做什麼?(故事內容注意)

視聽覺專注力遊戲
訓練孩子更專心　　　（適玩年齡：5歲至8歲）

作　　者／范盛棻、柯嘉姿
選　　書／林小鈴
責任編輯／陳雯琪

行銷主任／高嘉吟
行銷副理／王維君
業務副理／羅越華
總 編 輯／林小鈴
發 行 人／何飛鵬
法律顧問／台英國際商務法律事務所 羅明通律師
出　　版／新手父母出版
　　　　　城邦文化事業股份有限公司
　　　　　台北市中山區民生東路二段141號8樓
　　　　　電話：(02) 2500-7008　傳真：(02) 2502-7676
　　　　　E-mail：bwp.service@cite.com.tw
發　　行／英屬蓋曼群島商家庭傳媒股份有限公司城邦分公司
　　　　　台北市中山區民生東路二段141號11樓
　　　　　讀者服務專線：02-2500-7718；02-2500-7719
　　　　　24小時傳真服務：02-2500-1900；02-2500-1991
　　　　　讀者服務信箱 E-mail：service@readingclub.com.tw
　　　　　劃撥帳號：19863813
　　　　　戶名：書虫股份有限公司

香港發行所／城邦（香港）出版集團有限公司
　　　　　　香港灣仔駱克道193號東超商業中心1F
　　　　　　電話：(852) 2508-6231　傳真：(852) 2578-9337
　　　　　　E-mail：hkcite@biznetvigator.com
馬新發行所／城邦（馬新）出版集團 Cite(M) Sdn. Bhd. (458372 U)
　　　　　　11, Jalan 30D/146, Desa Tasik,
　　　　　　Sungai Besi, 57000 Kuala Lumpur, Malaysia.
　　　　　　電話：(603) 90563833　傳真：(603) 90562833

封面、內頁設計、內頁排版／鍾如娟
製版印刷／卡樂彩色製版印刷有限公司

2011年10月25 日 初版一刷　　　　Printed in Taiwan
2019年10月18 日 初版6刷
定價300元

ISBN 978-986-6616-55-6

城邦讀書花園
www.cite.com.tw

鑲嵌板（請配合 p.122 p.126 遊戲 4-11 4-15 玩）

鑲嵌板（請配合 p.127 p.128 遊戲 4-16 4-17 玩）